U0896699

信州文史

第七辑·记忆

政协上饶市信州区委员会 编

中国文史出版社

图书在版编目（CIP）数据

信州文史．第七辑，记忆 / 政协上饶市信州区委员会编．-- 北京：中国文史出版社，2021.8

ISBN 978-7-5205-3172-6

Ⅰ．①信… Ⅱ．①政… Ⅲ．①文史资料—上饶 Ⅳ．①K295.63

中国版本图书馆 CIP 数据核字（2021）第 181189 号

责任编辑： 李晓薇

出版发行：中国文史出版社
社　　址：北京市海淀区西八里庄 69 号　邮编：100142
电　　话：010－81136606　81136602　81136603（发行部）
传　　真：010－81136655
印　　装：三河市华东印刷有限公司
经　　销：全国新华书店
开　　本：710mm×1000mm
印　　张：17.5
字　　数：259 千字
版　　次：2021 年 8 月第 1 版
印　　次：2021 年 8 月第 1 次印刷
定　　价：85.00 元

序

自古以来，以书面的形式记录和保存历史，不外乎图与文这两种手段。从考古资料看，图比文起源要早得多。尤其在中国，文字更直接是从图画中产生出来的。图画优于文字的地方，在于它的形象和直观。古人很早就认识到了这一点，所以“图文并茂”，历来是中国图书的一个重要的传统和优点。当今社会生活节奏越来越快，传播技术高度发达，海量信息扑面而来，这带动了视觉文化的发展，迎来了“读图时代”。图文并茂，可读可视，益发成为当今人们阅读的主要习惯。

信州是一座具有悠久历史的文化名城，有着丰厚的历史遗存。在“黑白照时代”，记录信州的老照片弥足珍贵，尤其是那些人物照之外的老照片，就更为珍贵。令人庆幸的是，在保存至今的文物档案中，尤其是在民间，还有数量众多的老照片存世。整理这些老照片而写成的回忆性文章，无疑是非常有意义的。之于己，可以得到心灵的满足；之于他人，则是无限的精神食粮；之于社会，则是对历史的高度负责。

此辑文章中的照片，大都拍摄于20世纪和21世纪初。这是一个波澜壮阔的时代，一股又一股的社会思潮激荡澎湃，一批又一批的仁人志士前仆后继。金戈铁马，风起云涌，潮涨潮落，大浪淘沙。这部波澜壮阔的历史，大都可以从这些照片中找到其岁月留痕。

这个时代离我们并不遥远。其中那些反映风土人情、衣食住行等日常社会生活的照片，与我们的青少年时代的生活环境有很多的相似之处。看着书中这些仿佛见过的画面，我感到很亲切。许多关于信州历史文化的知识，都在脑海中变得形象生动了起来。

《信州文史》(第七辑·记忆)，共有信州遗韵、峥嵘岁月、百年树人、丹青追忆、旧影回眸五个专栏，是一道独特的历史文化大餐，也是一道独特的乡土文化大餐。此辑之推出，不仅使读者对信州的近代风貌有更直观印象和更深入了解，而且对进一步推动信州的近代历史文化研究，促进信州经济社会和旅游事业的发展也大有裨益。

是为盼，亦为序。

潘旭辉

目　录
CONTENTS

【信州遗韵】

信州城的沧桑变迁

徐协国

上饶的城市建设发展，在历经改革开放、2000年的撤地设市后，特别是党的十八大以来，精彩纷呈，日新月异，发生了天翻地覆的变化。

伴随着沪昆高铁、京福高铁在上饶十字骑跨式交汇以及上饶三清山机场的建成通航，上饶的城市建设犹如插上了腾飞的翅膀，突飞猛进。

为反映中华人民共和国成立以来及改革开放40余年信州中心城区的发展变化，本文从上饶市档案局馆馆藏照片档案中精选了部分珍贵照片，以新旧照片对比的形式，向大家全方位、多角度地展示信州中心城区的巨大变化。

一、赣东北大道

上饶市信州区南北走向的一条重要街道。原为西壕沿，即当地古城西边的护城河一段，实已成了臭水沟，是上饶的“龙须沟”。20世纪60年代起，经逐步改造填平，建设了中心广场与主要大道，是上饶标志性带花园大街。南接信江大桥跟滨江东路，中交信江东路、中山路、解放路东端，北至中心广场与五三大道，长约800米。

20 世纪 50 年代的赣东北大道南段（余竟吾　摄）

20世纪80年代赣东北大道中段，左边是贸易市场，目前是招商银行；右边是京剧院，目前是建信商住楼；前面是最早的上饶电视台。（徐定鏕　摄）

赣东北大道（1987 年）（何义康　摄）

赣东北大道（20 世纪 90 年代）（何义康　摄）

赣东北大道（2018 年 4 月）（吕谋　摄）

二、人民广场

20世纪50年代初的人民广场，原来是西濠沿，大型活动都在这里举行。（余竟吾　摄）

人民广场主席台（1966年）（徐定鐎　摄）　人民广场主席台（1977年）（余竟吾　摄）

20世纪80年代人民广场（何义康　摄）

人民广场（1992年）（徐定鐎　摄）

人民广场（1998年）（余竟吾　摄）

人民广场（1998年11月）（艾世民　摄）

21世纪初的人民广场（杨羽　摄）

改造之后的人民广场（2009 年 10 月）（潘宏斌　摄）

三、长塘桥北岸

21 世纪初的长塘桥、体育中心（佚名　摄）

长塘桥和万力时代（2018 年 3 月）（左月辉　摄）

四、上饶火车站

20 世纪 80 年代的上饶火车站（徐定鏕　摄）

20 世纪 90 年代的上饶火车站（杨羽　摄）

上饶火车站（2017 年 6 月）（左月辉　摄）

五、人物见证

1961年上饶信江河畔（徐定鏕　摄）　2018年6月上饶信江河畔（徐伟　摄）

1988年滨江路（涂新华提供）　2018年滨江路（涂新华提供）

（作者简介：徐协国，原上饶市档案局调研员）

信州城的桥

金明

信州城的信江之上的大桥，造型各异，留给我们许多记忆。

发源于世界自然遗产上饶三清山麓的玉山水和世界自然与文化双遗产上饶武夷山北麓的丰溪，在信州城区汇合后始称信江（又名上饶江，古名余水、信河）。“凡水皆东流，此水独西走”，玉带般的信江自东向西奔流600多里，在上饶余干的瑞洪镇汇入中国最大淡水湖鄱阳湖。

20世纪50年代从信江南岸向北岸拍摄（余竟吾　摄）

信州城的玉山水、信江之上由东向西依次排开的大桥为京福高铁大桥、丁家洲大桥、长塘大桥、信江大桥、步行桥（信江桥）、胜利大桥、上饶大桥、龙潭大桥、湖洲尾大桥、信州水利枢纽（大坝大桥）、320国道大桥；丰溪之上，由东向西北依次为前进桥（已拆除，仅留部分桥墩）、前进大桥、丰溪大桥。大家最熟悉的莫过于步行桥（信江桥）、前进桥了。

1983 年从正在建设的上饶人行大楼拍摄的水南全景（何义康　摄）

2015 年 4 月 29 日同位置拍摄的水南全景（金明　摄）

1992 年从信江北岸拍摄的信江大桥（徐定鏣　摄）

2013 年 6 月 18 日拍摄的信江大桥（金明　摄）

信江桥、前进桥一座在信江之上，一座在丰溪之上，属于遥相守望的“同胞兄弟”。1949年5月3日上饶解放后，为了加快战备物资入闽、推进赣闽交通业发展，针对被称为“前线的后方、后方的前线”的信州城没有一座公路桥，过河主要依靠摆渡的情状，华东军区部队在信州城区信江、丰溪上分别修建了信江桥、前进桥，两座桥于1949年9月动工，1950年底建成。两座桥的桥墩都是钢筋混凝土结构，桥跨结构及栏杆都是钢铁的，桥面使用都是厚实枕木，可以承载、通行40吨重的坦克；桥头两端分别建有桥头堡，有专人守护和维持交通秩序；行车道为单行，其中信江桥北南两岸的抗建中路（现步行街）和抗建南路（现水南街）常有汽车排成长龙，有序等候通行；桥的两侧设置了不能逆行的单行步道，人和人力平车混行在厚木板上。记得我到上饶市第二中学、上饶师范专科学校（现上饶师范学院）上学，到母亲工作的上饶蜡纸厂用人力平车拉定购的桐管（桐管日头晒干后，可当柴火烧），到上饶汽车制造厂（后更名为上饶客车厂）小姨家聚餐，等等，少不了要走过信江桥、前进桥；行走在单行道间，上下左右前后都吹着凉兮兮的河风，明显感受到身旁汽车通行带来的强烈震动，感悟到桥墩边水面上人们捉鱼嬉水的无比快乐。

1959 年从步行桥和地区浮桥之间的信江北岸拍摄的信州大桥（徐定鐎　摄）

后来，1980年在信江桥上游大约150米处建成了信江大桥，信江桥改成了步行桥，信江大桥上游大约200米处的上浮桥也被拆除了（下浮桥位于下游的渡口，胜利大桥建成后，下浮桥也完成了历史使命，被拆除了）。1984年在前进桥下游大约200米处建成了前进大桥，前进桥桥面被拆除了，留下10座桥墩继续经风雨见世面，如今仅存少量桥墩坚守着特殊的岗位……

2016 年 6 月 22 日废弃的前进桥（金明　摄）

信江桥改造成步行桥的过程也充满了趣味性。改成伊始，可不是现在的水泥路面，而是一块块大钢板铺就。冬天寒冷起冻时节，我和同学们会穿着套鞋尝试着在钢板上滑行，可谓惊险又刺激；冻得厉害时钢板就打滑，为了防滑，大人小孩们都会在套鞋或解放鞋上绑扎稻草绳子，当然绑了也没用，前面的趔趄跌倒了，后面的哈哈大笑，还没笑够，马上也摔倒了，再后面的不敢大笑了——桥面十足的“十面埋伏”、危机四起，让人叫苦不迭、“跌跌”不休。

1966 年南门口浮桥（徐定鐎　摄）

1983年汪家园浮桥全景（何义康　摄）

1989 年汪家园浮桥，渡口大桥正在建设之中（徐定鐎　摄）

2015 年渡口大桥（金明　摄）

上饶“三千里地佳山水”，“春风更比路人忙”。步行桥桥面令人难堪又忍俊不禁的窘境早已不复存在；如今，上饶大桥、丰溪大桥等大桥除了安全可靠外，座座新颖别致、壮观美丽，步行桥与信江桥之间还“玩”起了似幻如梦的“灯光秀”，似乎招呼来去匆匆的路人停下来歇息一会儿，聆听春风与美、诗与远方的召唤，让身体和心灵一起去赶路，潇洒走过人生无数桥！

近日，获悉不久的将来，在上饶城区信江上又要建设两座跨江大桥，在丰溪河前进桥原址也将建设城区第二座步行桥。桥，连接信州城的昨天今天与明天。桥，连接着信州人的共同心灵记忆和执着追求。

（作者简介：金明，自由撰稿人）

上饶铁路新村旧影

金越

大时代匆忙间谋生的人，习惯了周而复始的五味生活。我们似乎并不太关心生活的变化，也不太介意细节的改变。城市的任何角落，因为生活的必然都不可避免地有一段故事。然而当我们去怀念、去寻觅的时候，却时常发现这一切都已然变化了。

著名摄影家纵横先生，细腻记录时代的每个步伐，留下历史点滴瞬间。将淹没于现代化进程中的人与景定格下来，将泯灭于推土机轰鸣间的砖与瓦保存下来。这镜头下静止的城市面貌，让曾生活其中的我们唤起青春的日夜，也为后代留下关于我们这座城的记忆。

十六道上长鸣的机车往来行驶，多少年也看不厌蒸汽机与内燃机的色彩。通往远处的铁道占据了童年的视野，放学后的傍晚也曾怀着梦想踏着铁轨回家。有着鲁班故事的螺丝山，有窄窄的小巷，有高低的瓦屋。都是再熟悉不过的场景，也免不了化为废墟的结局。

夕阳下靠在庆丰天桥的栏杆看来往的火车，想来应是一幅绝美的图景。我们曾在此终日来往，却不曾止步驻足。看惯了自然谈不上风景，消失了却化作永恒的景致。尽管道路不如今日平坦，灯光也不比今日璀璨，没有无线网的那些年，简单却也精彩。

铁路新村繁忙的大小街道，违章搭建的店面真是再习惯不过了。褪了色的标语口号与花花绿绿的宣传广告，为素淡的环境带来色彩。补了又补的地面与漏了又漏的房顶，透着不可避免的疲态。涂抹着铁路特有颜色的楼宇，标识不同于别处牌号的房屋透露着体制的演进、生活的改善以及整个时代的变迁。医院、食堂、供应站、俱乐部，一个个普通的符号，与一幢幢大楼一道，与一片片陋棚简屋一道，与来往此地的人群一道，共同谱写了铁路新村的协奏曲。一个完整的社区曾在此呈现，一个特殊的区域曾风光无限。我们在这留下青春脚印，直到今天也还忘不了。

所幸纵横先生用相机留下这些真实的瞬间，感谢这位生活的有心人历经漫长岁月，记录下平凡时光。我们的城市在变大，细节在改变。缺乏影像记忆的人们也许已记不起桃花弄或者鼓楼巷，也弄不清什么太子庙马皇庙。我们失去了太多，留下的太少。

这些关于铁路的记忆，伴随了上饶几代人。留下来多少青春热血与泪水辛酸。这里是上饶，有你我的青春与梦想。

十六道铁轨（金越　摄）

螺丝山（金越　摄）

铁路天桥（金越　摄）

这是原来市区和铁路新村的分界，铁路人在这边，上饶佬在那边。天桥下面通火车，小时经常跑到天桥上看火车通过。

铁路供应站附近（金越 摄）

铁路建筑标识（金越 摄）

每个标识，代表当时分管上饶铁路的烙印，代表了一段过程。上饶铁路曾经被福州铁路局、上海铁路局领导，现在归南昌铁路局领导。领导者都在房屋上留下了痕迹。

正在拆迁中机务段的宿舍（金越　摄）

铁路供应站通往机务段的必经之路，过去晚上有夜宵等摊点，现在已拆（金越　摄）

原来铁路供应站对面标志性建筑，现已拆除（金越　摄）

铁路新村主干道一角（金越　摄）

铁路新村主干道一角（金越　摄）

铁路供应站门口（金越　摄）

铁路新村主干道一角（金越　摄）

“会鲜馆”边上的小路（金越　摄）

铁路胡子超市，铁路俱乐部门口（金越　摄）

熟识纵横先生的朋友们都知道，纵横先生有深厚的铁路情结：在与浙赣铁路毗邻的上饶一中读了中学，住在上饶铁路新村的同学很多，在铁路系统工作的朋友也很多，有意无意地关注着上饶铁路新村的林林总总、大大小小的变化。他欣然奉献出珍藏的大量上饶铁路新村主题的自创佳作，让许许多多上饶人勾起了对悠悠岁月的回忆，就如同那火车车轮模糊而又清晰……

铁路新村全貌（金越　摄）

童年、少年时期自己的心目中，上饶铁路新村是很富足的，似乎样样皆有。

正月里拜年，到上饶铁路新村一亲戚家吃饭成了必不可少的“规定动作”。记得房子是盖洋瓦的，门窗是红色的，门锁是装弹子锁的，特别是吃的东西好多是上海、杭州、金华等地带回来的，有好多没吃过的，每次撑得肚子装不下了，嘴巴还想吃，总有开洋荤的满足欲。吃饱打嗝之余，大人聊天，我们小孩们就兴奋地穿梭奔跑于铁路新村一排排职工宿舍之间，释放着节日的无限欢乐。至今怀念唠叨的，还有同学家的山东大馒头里夹山东大葱的冲味，爬上铁道旁边的苦槠树采摘、品尝果实的滋味。

那时候，上饶城区很小，经常会听到火车的鸣笛声，很多同学家就在铁道旁边，每晚伴随车轮与铁轨的碰撞声、火车的鸣笛声酣然入睡；浙赣铁路北迁后，很长一段时间里，他们和家人竟然睡不着或睡得不沉了，总在期待或者梦见那熟悉和亲切的画面与声响……

铁路小学旁边，现已拆除，成了铁小和一中的道路。有一年家里翻修老屋，地面要铺设黄土、煤渣和石灰混合的三合土，和长辈们一起拉平车，过汽车保养场的铁路道口到吉阳山拉黄土、过老汽车站道口到四脚亭铁路机务段拉煤渣，第一次近距离耳闻目睹、真真切切地把蒸汽机车头看个够，新鲜、

铁路新村旧貌（金越　摄）

铁路新村旧貌（金越　摄）

喜悦无以言表，第二天一上学就跟同学们吹上了，好过瘾啊！同学不愧是天外有天的高人，自豪大喊道：“我哥是火车司机！”果不其然，没过三天，他哥从金华带回十几顶特异的斗笠，我们十几位同学进入校门后齐刷刷戴上头，进入教室后齐刷刷挂上墙。未曾料到，Y 同学别出心裁，上课时居然敢戴上斗笠，老师当然很生气，后果自然很严重。

之前《上饶铁路新村旧影》文章发表后，一位微友点赞道：上饶与铁路绝对有不解之缘。就人而言，中国铁路之父詹天佑，中国电力机车之父、中国工程院院士、上饶一中校友刘友梅都是上饶人；就铁路而言，浙赣铁路最初只修至玉山、上饶，更不用说如今的沪昆与京福高铁在上饶立体骑跨式十字交汇；就起居而言，以浙赣铁路线为界，线南面为上饶老城，线北面为铁路新村；就语言而言，一边是上饶话，一边是上饶铁路话，伴随许多铁路职工及其子女到外地从事铁路工作，上饶铁路话已说到京九铁路沿线了……

上饶铁路新村，旧貌换了新颜。上饶铁路，驶上高铁时代；承载着上饶人美好的憧憬与梦想，无数个高铁车轮笃定坚实、整体合作、滚滚运转、飞速前进……

不少上饶人尤其是四五十岁及以上的上饶人，对上饶铁路新村怀有特别的兴趣和特殊的情感，除了在那个时期其社会功能齐全、自成体系，其各项条件、待遇相对优裕、丰厚之外，还与别具一格的独特的文化现象“上饶铁路话”密切关联。

历史悠久的上饶，人杰地灵，文化灿烂，既有传统的地域文化，也有吸收、消化、融为一体的外来文化，产生于20世纪50年代初期的上饶铁路话，就是别具一格的地域方言文化。这种地域方言既不是普通话，也不是本地口音的上饶话，而是别具一格的上饶铁路话。这在全国铁路职工及其家属居住区是极其少见的，其形成有着历史的渊源过程。

浙赣铁路是分段修建的。1933年11月修到江西玉山县，1934年元月通车，随之建起了玉山车站和玉山车房（机务段）。铁路继续往西延伸，1935年修到上饶，建成上饶火车站，1936年，玉山车房搬迁到上饶，成立了浙赣铁路第二段——上饶机务段。

上饶火车站曾先后隶属上海铁路局上饶铁路分局、杭州铁路分局、南昌铁路分局管辖（现隶属南昌铁路局）。上饶铁路职工绝大多数是从杭州铁路单位分过来的，并相继从萧山、诸暨、金华等地带了一些人过来。新中国成立前，上饶铁路职工几乎没有本地人，这些来自浙江主要是杭州的铁路职工，集中居住在现上饶市信州区北郊花园塘一带，自成体系并形成村落，保持着固有的江浙生活习惯和口音。随着铁路的发展，后来又陆续招来一批上海、江苏、安徽、湖南、福建等地的转业退伍军人、学生等人员，铁路职工的籍贯变得越来越庞杂，铁路的生活区域也不断向郊外扩展，但仍不同上饶市民混居，上饶本地的语言同化不了这些来自五湖四海的南腔北调，而南腔北调又失去了各自独立的场景。于是，这些老铁路职工的孩子们在相互交往中形成了一种奇特的语言——上饶铁路话。

上饶铁路话，基本上是杭州话与上饶话的混合变语，既不同于杭州话，也不同于上饶话。杭州话的发音多用第三声，上饶话的发音多用第二声，上饶铁路话的发音多用第四声。铁路职工在其长期的铁路沿线工作中，还形成了其独有的数字发音（如动、妖、俩、拐……），如果不是铁路人，这些奇特的报号音，旅客是没几个听得懂的。上饶铁路话结合了吴音的袅袅之声，说起来婉转清脆，好似唱歌，有一种越剧的韵味浸于其中，让人听得身子都软了起来；连骂人的话也起承转合、音调甚多，如果不配以激愤的表情，真是听不出骂人之意。但凡会讲上饶铁路话的人，来到浙江、上海一带，往往会有听到乡语、似曾相识的感觉。这也难怪，因为他们的声调本就发源于这些地方。

京九铁路贯通后，一大批上饶铁路职工及其子女又向京九沿线扩散，上饶铁路话以其顽强的生命力也随之扩散。在南昌铁路局管段千公里的路段上，在京九铁路飞驰的列车上，上饶铁路话经常会闪冒出来，就像源源不断的火星一样！在湖北麻城新建成的铁路职工小区内，由于居住了大批的上饶铁路人，铁路话又开始大行其道了，俨然成了麻城的“第二方言”，上饶铁路人好似回到了从前的上饶铁路新村！

铁路天桥（金越　摄）

而在上饶本地，由于城市的发展、铁路机构的改革（附属的服务机构和教育机构剥离，医院、学校全部划归地方管理）和浙赣铁路北迁、铁路天桥被拆，致使原来有形无形的泾渭分明的界限被拆掉了，上饶铁路人的居住、工作、婚姻全部与上饶本地人融合，语言生态也逐渐被打破了。现在，上饶铁路人的第三代孩子已经感觉不到铁路地域的存在，早已散居在上饶的各个地方，在铁路读书、铁路购物、铁路居住和铁路工作的日子已经一去不复返了，于是也让很多讲上饶铁路话的人们开始学习和改口说上饶话。如今，在原居住地……上饶铁路新村的人们基本上会讲两种以上方言（上饶话和上饶铁路话），以备不时之需；“90后”会说上饶话的已经多于会说上饶铁路话的了。

由于铁路迁徙的历史原因，封闭独立的社区环境、代代相传的职工特性，在21世纪前，在居住了铁路职工及其家属约万人的上饶铁路新村，上饶铁路话生根、发芽、开花和结果；上饶铁路话好讲、好听、好懂，具有生命力，得以延续至今，成为中国路话和新兴工业社区方言的典型案例。上饶铁路话这一别具风格的独特文化现象，不仅引起了中华铁道网（详见《南昌铁路局：别具风格的上饶铁路话》）、《上饶晚报》（详见《上饶铁路话》）等传媒的关注和网民的热议，更激发了语言专业人士的悉心研究（详见复旦大学中国语言文学系杨文波的博士学位论文《江西上饶铁路话调查研究》和论文《上饶铁路话与杭州话、上饶话的语音比较》）。

回眸过去时代，能讲几句风光的上饶铁路话，到铁路综合商场，也许可以优先买到扎长发的最中意的上海产的粉红色的绸带；到火车站售票窗，说不定还可搞到一张去上海的硬卧票呢！毋庸置疑，自豪骄傲感瞬间大爆发！展望未来岁月，作为上饶别具风格的独特文化现象——在上饶本地有点沉寂的上饶铁路话，能否在留存与保护的基础上不断传承与弘扬呢？能否进行一些比较研究，营造上饶铁路话和上饶县铁山“一乡九语”等错综复杂、多姿多彩的方言岛良性发展的生态环境呢？能否将它们申报为国家级非物质文化遗产呢？

上饶铁路话，与上饶话结伴而行吧——不仅记在心中，还须话出口里……

（作者简介：金越，自由撰稿人）

别了，赣东北地质大队老大院

罗向斌

赣东北地质大队，始建于1956年12月。建队之初，队部设在广丰县城；1957年队部由广丰迁往弋阳县城；1958年机构调整下放，先后与冶金工业部地质局江西分局995队、中南地质局409队合并，组成上饶地区地质勘查大队；1958年9月大队部从弋阳县城迁往上饶罗桥街道；1961年4月与德兴铜矿地质大队和江西省原子能委员会999队合并组建赣东北地质大队；1969年队部迁往上饶县沙溪镇。建队以来，几代干部职工在赣鄱大地上为国家寻找矿产资源，为共和国建设做出了巨大的贡献。

赣东北地质大队大院内浴室的烟囱和水塔

作为土生土长在老赣东北地质大队大院外围的沙溪人，深刻地感受着它的变迁。

老照片中的赣东北地质大队子弟，如今又在哪里？

江西省地矿局赣东北地质大队子弟学校七九届小学部分同学聚会掠影（海伦　提供）

20世纪70年代，赣东北地质大队子弟学校的学生在进行文艺表演。（海伦　提供）

20世纪七八十年代，赣东北地质大队干部职工们拥有令人“眼馋”的福利待遇，队部大院内设有商店、理发店、电器修理店、浴室、卫生所、学校、电影院等一系列服务设施。

赣东北地质大队大院内的家用电器修理部

赣东北地质大队子弟学校八二届初中28位“勇士”合影（海伦　提供）

职工家属凭着大队部印发的各类供应券，就可以购买到当时十分紧俏的商品。队里开办的冷饮厂售卖的冰棒只要1分钱一枝。每到炎炎夏日，小孩子们提着暖水瓶，交上面值两毛钱的冰棒票，就能买满满一保温瓶的冰棒（暖水瓶可隔热），可以享受一整个下午的清凉。

赣东北地质大队大院内的冷饮厂（图片来自罗向斌）

大队部办公大楼前，每周要放映两三场夜晚露天电影。这是我们这些儿童少年永远抹不去的记忆。通知放电影的日子，一到下午5点左右，我们这些天真烂漫的小孩，便会端上自家的椅子、马扎和板凳，前去抢占有利位置。观看的电影大都是《地道战》《南征北战》《奇袭》和八大现代革命京剧样板戏等影片。80年代中期，我们已进入青春期，最喜欢看的则是《甜蜜的事业》《庐山恋》《好事多磨》《小街》等爱情电影。

赣东北地质大队队部老办公楼

谁还记得这块醒目的语录牌？（海伦　提供）

赣东北地质大队大院内的家属宿舍楼

如今，地处上饶沙溪镇的赣东北地质大队队部大院已显陈旧。大院内陈旧的办公大楼、存放的破旧钻探设备，仍昭示着赣东北地质大队的初心和使命。老职工们三五成群地聚在一起，有的下棋，有的打扑克或聊天，享受着退休后的天伦之乐。一些年轻后生则在操场上打篮球、羽毛球，散发着青春的活力。

随着改革的深化，赣东北地质大队留存的旧房子和设备，终将会由政府妥善处置。当年那人声鼎沸的电影院、商店、棒冰厂、浴室也将迎来新生。老赣东北地质大队大院原址上将建起新的建筑，为这片炽热的土地注入新鲜的血液。

赣东北地质大队大院内的老职工，是新中国第一代地质人。

我相信，不久的将来，千年古镇沙溪将会出现一个崭新的综合服务社区。赣东北地质大队大院将旧貌换新颜。老赣东北地质大队队部大院，也许会成为几千老职工心中无法割舍的念想，或者也将成为人们脑海中永远的记忆。

（作者简介：罗向斌，广信区退役军人事务局干部）

我的上饶713矿记忆

罗向斌

1959年唐山市的冬季，在我的印象中，那天雪下得格外大，似乎是一床灰色的、散落着棉絮的巨被从天上压了下来，5岁的我和一台收音机（家里唯一的浮财）被包得严严实实的，像两个包裹被我父亲的朋友送到了火车站。当我看见了妈妈和姐姐们，我竟然睡着了，以至于后来发生了什么，没有一点记忆。

当我醒来，那是在南下的火车里，车上的人不多，但火车走得特别慢，总是"哐哧""哐哧"地响着，无聊的我只能睡觉，醒来火车还是"哐哧""哐哧"地响着。中途我们也下过车，因为火车经过长江时没有桥，只能用船把火车厢一节节运过去。记忆中我们还在上海住过一个晚上，酒店是白色的墙壁，白色的被子，像个医院。遗憾的是那晚尿床了，在白色的被子上画了一个黄色的地图，自己也觉得有点难为情。后来我检讨了一下自己，主要是在火车上总是尿不出，睡觉时就放松了。

再上车时，棉猴（带着帽子的棉衣）可以不穿了。车窗外掠过的小山丘上，有些绿色的树木，但没有我们老家的树高大；还可以看到一块块的田地，是黄黑色的，里面还立着许多矮矮的泥人，真奇怪，后来才知道那是一捆捆的稻草。

少年不识愁滋味，也许是年龄还小，对于离开的城市倒没有什么留恋。由于水土不服，身上起了许多红疙瘩，让我对前去的新家也没什么好的印象，因为身上痒得要命。

我们的到来让父亲很高兴，他拼命用胡子扎我，还从墙上挂的网兜里拿出一盒贵溪产的灯芯糕，说是谁送给他的特产，也不知道放了多久，反正都发霉了。

家人合影

初到 713 矿

懵懵懂懂地来到江西，来到了这座被丘陵和田野环绕着的三矿（全称是713矿，因为是军工单位，通信要用代号：上饶市64号信箱）。就在这里，我度过了童年和少年的时光。

那时新的生活区还未建立，我们住在离工厂区不远的生活区。说是生活区，就是十几幢匆忙搭建的砖头加泥土的平房，房间里的地面是泥巴的，也不平，还有坑。我们家当时老少八口人，就挤在两间房子里。江南雨多，下大雨房就漏了，家里准备了几个盆接雨水，有时候连大碗都用上了。一到这时候，我就挺兴奋，钻在一个长方形的桌子下躲着，看着雨水滴到盆里。我奶奶就唠叨着，因为她牙快掉光了，听不清她说什么，大概是说怎么到这个鬼地方来了。

原 713 矿子弟学校教学楼

大人们来去都十分匆忙，白天没什么人影。因为没孩子，我也没什么玩伴，看到住在旁边的大人们下班回来，就跑去看他们做什么。这些大人不知道有没有家，反正几个人住在一起，挺热闹的。到了星期天，他们还会煮狗肉，炒泥鳅，我真没见过，所以他们让我也吃，我吓得够呛，他们还哈哈大笑。

自来水是公共的，一根水管上装了个水龙头，四周用几块砖砌了一圈。厕所也是公共的，特别大，印象深刻是因为我的一只玉猴不小心掉进了粪池，那是从唐山带来的。猴子刻得惟妙惟肖，我很喜欢。到今天，都没见过雕得那么好的，没准是宫里的呢。

大家基本都在食堂吃饭。我们来了，父亲就不用去食堂吃饭了，他的胃不好，那是战争年代留下的隐患。我们住的房子后面有菜地，可以种南瓜、豆角，我很喜欢，因为可以捉蚂蚱，玩蚂蚁，还可以挖蚯蚓喂鸡。这里当然比不上我们在唐山住的家，那是法国传教士的洋楼。有车房，有花园，不过里面种的都是花，有个老头总是不让我进去。

最漂亮的房子是招待所，门窗都砌成了天蓝色。偶尔看见苏联专家在招待所门前上车，黑色的奥斯汀，应该是美国车。后来我进去看过，地是用水泥铺的，很平，没有坑。有时候在招待所不远的露天放电影，多是苏联片，叽里咕噜的，但没见那些专家来看过，估计他们早看过了。去看电影前自然很兴奋，但看了一会儿就睡着了。好像有一次还是警卫连的战士把我送回家的。只是记得路旁有几棵洋槐树，有一棵最大，上面的麻雀黑压压的，比树叶还多。

平常姐姐们都去上学了，妹妹还小，我就和后来的小伙伴王小甫（小甫比我小，姐姐小燕倒与我同岁，我妈妈总喊她燕子，但我们不愿意和女孩子玩）到住处不远的石山去玩，那是个石灰岩的小丘陵，有个石洞可以钻上钻下，还有一只没人管的老山羊。

矿区发展得很快，说不同口音的人多了，孩子也多了，大家很快就成了好伙伴。我们去修汽车的地方捡轴承做成小车，用钢筋弯成铁环推着跑。在堆着水泥管的地方捉迷藏。周末，食堂还有舞会，还有在食堂举办婚礼的，那是一位我认识的叔叔。婚礼没有酒席，每个桌上有一脸盆冰棍，是矿里的冰厂生产的。后来还上了好多花生、瓜子和糖果，没有酒，但是热闹异常，我们也就跟着起哄。

无忧的日子总是短暂的。终于要上学了，因为要到二三里外的农村小学读书，还要带饭，我实在是不感兴趣。妈妈为了鼓励我去上学，常常给我在饭盒里装点好菜。但一不留神就让邻桌孩子把菜偷吃了，我更不喜欢这个学校了。

几个月后，矿里的小学开办了，虽然只是几间教室，但不用每天走路了，我们都很高兴。我也不逃学了，环境决定学习态度嘛。当然跟班长刘振洪也有关系。上课时老师一请大家回答问题，他就举手，搞得同桌的我也跟着举手，为了能回答提问，总要认真听听课吧。我之所以记着他，还有他那条大棉裤，腰很宽，穿的时候要左裹右裹，再用一条布带，往腰上一扎，如果他是小脚，就跟我奶奶一样了。他家我去过，他娘（他这么叫的）和我奶奶倒真的挺像。我们两家是老乡，但他们说话我好多听不明白。他和他娘是跟着他哥哥来矿里的，他哥哥好像是副矿长，个子高高的，比刘振洪高多了。还有他和他哥哥年龄怎么差这么多，我还未调查清楚。只过了一个学期吧，他们跟着他哥哥不知调到哪里去了。

原 713 矿生活区

随着新的生活区的建立，我们都搬家了。新的生活区距矿区有十几里路，每天有班车接送上班和下班人员。

水塔山远景

生活区建了许多的房子，先盖的有平房区，后盖的就是楼房了。生活区内有大礼堂、招待所、商店、灯光球场等。水是从数里外的河里泵到一个大水塔，然后再由水塔送到各个门栋，那矗立在高处的水塔，就成了三矿生活区的标志，大家都称之为水塔山。我曾经爬上去过，虽然回家后被大人说过，但挺骄傲。

新的学校也建成了，是座二层的楼房。桌椅都是新的，课桌面可以抬起来，书包放进去，再盖上，我挺满意。但后来发现这种设计很“阴险”，上课时你就无法看小人书了。

教学楼正对着的是个操场，有位漂亮的许老师每天清晨在练体操，穿着短裤，显示着今天所说的“大长腿”。她是上海什么学院艺术系毕业的，还教我们这些男孩子跳马刀舞，双手抬起，状似骑马，一蹦一跳的。许老师待的时间也不长，就回上海了。没有了许老师，这个学校变得黯淡了许多。

后来的老师大多是地区师范学校毕业的，来了好像没有走的。虽说是矿山子弟学校，但比一般的城镇小学条件好得多。有的老师来的时候跟公社社员一样，但过了不长时间，人就变了，衣服整齐了，头也变成油光光的。校长也姓许，不知道他是否军人出身，感觉他不苟言笑，一副很严肃的样子。他有时会给我们上一堂政治课。想不起来课上说的什么，不过感觉上政治课的老师就应该这模样。

快乐的矿区

生活同学多了，自然会串门走户地去玩了。看到同学家挂着的相片，才知道好多同学的父母不简单。有的是部队军官，有的是工程师，即便是工人，也是八级钳工、八级电工什么的。一个叫范成志的同学，他父亲就是八级电工。他家里还有个大望远镜，他说是用来看高压线的，起先我还以为是缴获的美国鬼子战利品呢。他们或来自武汉、上海等大城市，或来自什么科研机构（据说在整个系统集中了7万名大学生，20世纪50年代，大学生可是凤毛麟角啊）。那时候，你会觉得全国的精英人才都到这里集中了。

713矿的待遇应该高过地方上的工矿企业，但许多事也是瞎传。我上中学时就有市里同学问，矿上工人是否都穿呢子制服？是不是天天都吃肉？

我只知道我们每个星期才能吃上一顿肉。每逢星期天，有个老师傅会用板车拖来几扇猪肉，还有一堆猪下水之类的，在生活区商店旁的小房子卖。说是老，估计也就40来岁，光头，络腮胡，长得有点像小人书上画的李逵。他将整扇肉双手一抓就放在砧板上，然后操起那把砍肉的斧子一顿猛砍，真像！

猪肉七毛二一斤，随便买，但猪下水就要打招呼。猪下水价格要低一些。我父亲每月工资有100多元，但每次我去买肉也只能买两元钱的。怎么可能天天吃肉呢？不过看老师傅卖肉挺享受的，说多少钱吧，手起斧落，一称分量，正好。你瞧，卖肉的师傅多牛。

生活区距最近的城市有30多里，每天会有一部卡车进城买菜。星期天时就会有许多人跟着这部车进城买东西，有时候同学问我进城否，我往往鼻子里一声“哼”。我表面上不屑一顾，但自知囊中羞涩。我曾经用1角钱在货郎担上买了一个漂亮的塑料钱包，但钱包里面从来没超过3角钱，那还是过年压岁钱剩下的。但你知道那个年代捡到一分钱交给警察叔叔都会受表扬吗？

713 矿礼堂

说到过年，那是真快乐啊！每年过年妈妈会给我做一套蓝咔叽布套装，穿上它，口袋里再装点花生、糖果类的小食，幸福得要命。还会给1元的压岁钱。那肯定去买鞭炮啦，那种两毛钱一条的，然后把鞭炮拆成单个的装在口袋里。那时候也会下雪，但没老家那么大。我们把鞭炮插在女生堆的雪人身上，“啪”的一声，辣椒做的鼻子就给炸掉了。哈哈，快跑吧，女生的雪球砸过来了。

年前，妈妈和姐姐们会忙着蒸馒头和花卷，一蒸就好多。大年三十那天就包饺子，也包好多，那时候我好像不太愿意吃面食，就想吃肉。但北方人习惯就是过年吃饺子。不吃，父亲还不高兴。到了大年初一，天还未全亮，人们就开始拜年了，常常一拨人还未走，下一拨又来了，一直热闹好几天。大礼堂会放电影，还有节目表演，是俱乐部组织的，职工们自娱自乐吧。但有时候也会来一些专业的演出团体，晚上演出，下午就会有人去占位子。吃完晚饭，生活区的男女老少都来了，偌大的场子里有喊叫的、有笑闹的，人人都喜笑颜开。

年很快就过了，又该上学了，“春眠不觉晓，处处闻啼鸟”，我上课就想打瞌睡。

坐在窗前，可以看到远处山上开满白色的油茶花，它的果实榨出来的就是茶油。这个时间里，茶树上经常会出现变厚的叶片，没准也是转基因，可以吃，味道有点酸。

去更远一点的地方，可以去登大洞山，它是个丹霞地貌的丘陵，因为山上有个大洞，我们称之为大洞山。我不知道什么时间被人们称为“月亮山”了。洞顶只长着低矮的荒草，但半山上都开满了野花，黄的野菊花，红的杜鹃花；还有各种野菜，野葱最多，到处都是。还有黄花菜，原来黄花菜是花蕾，以前还认为是植物的茎呢。

“大洞山”远景

终于把暑假盼来了，我们生活区旁边就是农村的稻田，把田间的水沟两头用泥巴一堵，把水舀干，全是小鱼和泥鳅。有一次还捉了一条黄鳝，像蛇似的，当时我是吓了一跳。沟壁有小洞，那里面藏着小螃蟹，水一动，它就躲起来了，你把手放在洞口，过一会儿，它看没动静了，就出来了，爬到手上痒痒的，手到擒来。

还可以去钓青蛙，把小青蛙的腿用绳子拴好，另一头拴在一根棍子上，伸到稻田里一上一下地拉着，青蛙或乌鸡（一种像癞蛤蟆样的蛙）认为是虫子，就一口吞下去了。小青蛙剁了可以喂鸭子，大的则可以用辣椒炒着吃。

今天想来真是罪过了。

生活区取水的地方叫大灞河，那是一条水源充沛的河流。当河遇到一片红色的页岩时，人们把它凿开，水从凹处流过去，两岸就高出水面许多。雨季时河水从这片页岩流过，就形成了小瀑布。平时里，水就比较平缓，自然地分成了两部分，下游的水要深一些，也就成了天然的游泳池。大人们也会来游泳，我父亲也来过，不过我是看到他和同事们站在水里的照片才知道的。孩子们更是视为戏水的天堂了。

父亲和他的同事们在大灞河里游泳

有一次，有位低年级的孩子来了，估计是第一次来。我们踩着水，把胸挺得高高的，他一看大概觉得水不深，立马就从高处跳了下来，到水里发现不对，双手乱打。这下把我们吓坏了，赶快游过去，把他拖到岸边去了。后来还淹死过一个女孩，是救她妹妹"牺牲"的。这一下，大人们都警惕起来了，和我住一栋的一位同学，他家里有四个男孩，但他们妈妈就下命令不准去游水了。而且他们一从外面回家，他奶奶就用指甲刮一下他们的胳膊，有白印就是下过水。

我还是偷着去，到河边一看，人也没少啊，包括那严加管制的同学，显然谁都喜欢追求自由。

我是 713 矿人

1964年，中国的第一颗原子弹爆炸了，我才知道原子弹和我们这座矿山有关系，才知道这么多的叔叔阿姨背井离乡到这个偏远的山区来是为了什么。

我还知道我们这个矿山条件算是很好的，还有的矿山在大山沟里，甚至在偏远的大西北。那时候，人们好像都不会计较什么，祖国让你去哪你就去哪，默默地贡献着青春和热血。所以说，没有这么一代人的艰苦，无私的贡献，怎么会有中国的核工业？想起来那些只同过一个学期的同学，肯定跟着父辈调到新矿区了。不知他们可好？

矿区大门今貌

2014年，几位发小相约，回到了713矿生活区，眼前的生活区已破败不堪。随着国家工业战略的调整，许多矿山关停并转。713矿也在调整的洪流中失去了往日的时光。矿山关掉了，工人和家属们基本都走了，我们凭着记忆寻找着过去的印象。

也有一些人恋旧，舍不得离开。我们去拜访了一位还住在这里的老叔叔，这位在汉阳兵工厂里造过枪炮的老人，当时也是作为技术专家调来的，如今已过八十，但身板硬朗，精神矍铄。据他说，住在这里的还有许多人，尽管在城市的旁边建造了小区来安顿他们，但仍不愿离开，为什么呢？是在追忆过去的时光，还是坚守青春时的理想。

来的时候天气就有一些昏暗，此刻，积蓄在乌云中的雨水终于洒了下来。窗外雨声阑珊，黄叶飘零，荒草萋萋，老人忆旧叙今，云淡风轻。而今，六十年过去，弹指一挥间，任尔东南西北风，唯有人生不变情，也许这就是默默奉献、无怨无悔的713矿人！在这里我走过了童年，走过了少年，但无论到什么时候，人生中都铭刻着713矿的记忆。我也是713矿人！

（作者简介：罗向斌，自由撰稿人。）

【峥嵘岁月】

“八一”南昌起义里有个信州区人，他后来怎么样了？

汪增讨　吴晓敏

90年前的一个深夜，随着南昌城头的一声枪响，标志着中国共产党独立领导武装斗争和创建革命军队的开始。岁月流逝，军旗猎猎，当年参加起义的革命志士，我们永远都不会忘记。

方迪贞像（汪增讨　提供）

8月1日，我们走访慰问参加南昌八一起义的英雄方迪贞之子方前忠。

据考证，1927年，上饶市共有7名英雄参加了“八一”南昌起义。他们分别是；黄道、方志纯、徐明高、徐先兆、汪佑春、叶步青、方迪贞。

方迪贞（1909—1984），又名方冰，江西上饶市信州区人。方迪贞出生于上饶市名望家族，其父方孝宽早期追随孙中山参加国民革命运动，于1909年在南京参加同盟会。回饶后创办上饶县公立小学，任校长。继而又出任上饶信江中学校长兼祝同中学校长，振兴地方教育。黄道、徐明高、中正大学校长林一民、邓必贵、黄维等都是他的学生。国共合作时期，他就是共产党的朋友。1926年曾邀请共产党人邵式平到上饶主讲《谈共产主义》曾轰动一时。方志敏、黄道、邵式平、徐明高、游秀伯等人都是他家的常客。因此，方迪贞年轻时代就开始接受进步思想的教育和熏陶，立志要做一个对社会有贡献有作为的人。

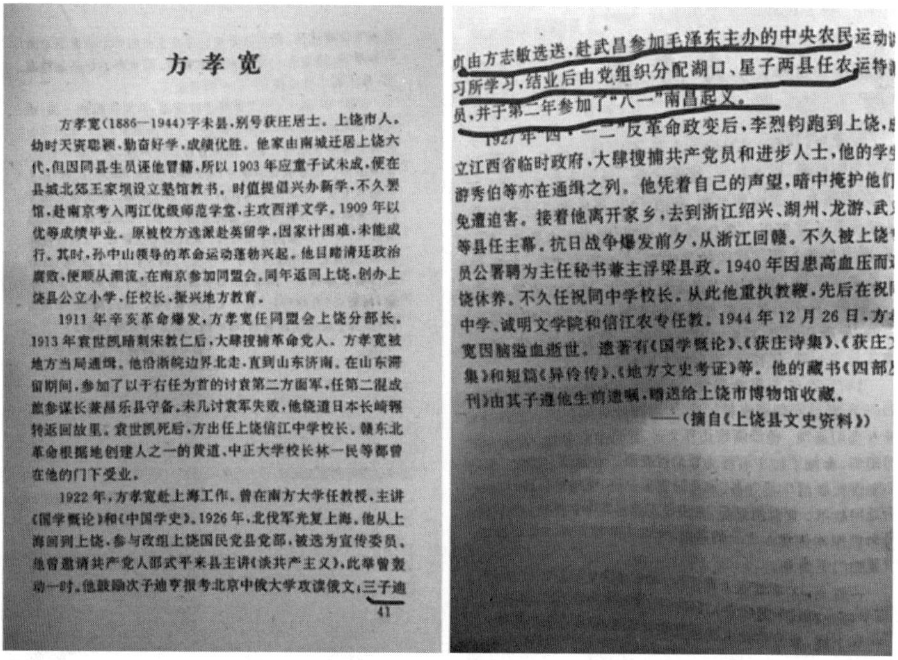

方孝宽

方孝宽（1886—1944）字未县，别号获庄居士。上饶市人。幼时天资聪颖，勤奋好学，成绩优胜。他家由南城迁居上饶六代，但因同县生员诬他冒籍，所以1903年应童子试未成，便在县城北郊王家坝设立塾馆教书。时值提倡兴办新学，不久罢馆，赴南京考入两江优级师范学堂，主攻西洋文学。1909年以优等成绩毕业。原被校方选派赴英留学，因家计困难，未能成行。其时，孙中山领导的革命运动蓬勃兴起。他目睹清廷政治腐败，便顺从潮流，在南京参加同盟会。同年返回上饶，创办上饶县公立小学，任校长，振兴地方教育。

1911年辛亥革命爆发，方孝宽任同盟会上饶分部长。1913年袁世凯暗刺宋教仁后，大肆搜捕革命党人。方孝宽被地方当局通缉。他沿浙皖边界北走，直到山东济南。在山东滞留期间，参加了以于右任为首的讨袁第二方面军，任第二混成旅参谋长兼昌乐县守备。未几讨袁军失败，他绕道日本长崎辗转返回故里。袁世凯死后，方出任上饶信江中学校长。赣东北革命根据地创建人之一的黄道、中正大学校长林一民等都曾在他的门下受业。

1922年，方孝宽赴上海工作。曾在南方大学任教授，主讲《国学概论》和《中国学史》。1926年，北伐军光复上海。他从上海回到上饶，参与改组上饶国民党县党部，被选为宣传委员。他曾邀请共产党人邵式平来县主讲《谈共产主义》，此举曾轰动一时。他鼓励次子迪亨报考北京中俄大学攻读俄文，三子迪

41

贞由方志敏选送，赴武昌参加毛泽东主办的中央农民运动讲
习所学习，结业后由党组织分配湖口、星子两县任农运特派
员，并于第二年参加了"八一"南昌起义。

1927年"四·一二"反革命政变后，李烈钧跑到上饶，成
立江西省临时政府，大肆搜捕共产党员和进步人士，他的学生
游秀伯等亦在通缉之列。他凭着自己的声望，暗中掩护他们
免遭迫害。接着他离开家乡，去到浙江绍兴、湖州、龙游、武
等县任主幕。抗日战争爆发前夕，从浙江回赣。不久被上饶
员公署聘为主任秘书兼主浮梁县政。1940年因患高血压而
饶休养。不久任祝同中学校长。从此他重执教鞭，先后在祝
中学、诚明文学院和信江农专任教。1944年12月26日，方
宽因脑溢血逝世。遗著有《国学概论》、《获庄诗集》、《获庄
集》和短篇《异伶传》、《地方文史考证》等。他的藏书《四部
刊》由其子遵他生前遗嘱，赠送给上饶市博物馆收藏。

——（摘自《上饶县文史资料》）

《上饶县文史资料·方孝宽传记》（汪增讨　提供）

1927年初，在南昌求学的年方18岁的方迪贞，经徐明高推荐，由方志敏选送到武昌参加中国国民党中央农民运动讲习所学习，成了第一期的学生。他有幸亲耳聆听毛泽东讲授农民问题、农民运动理论及策略、湖南农民运动考察报告等课程，在毛泽东的指导下，认真阅读了《共产党宣言》等马列著作。通过三个多月的培训，方迪贞极大地提高了认识，也提高了投身农民运动的自觉性和积极性，还学会了运用马列主义分析农民运动中产生和出现的问题。

武昌农运讲习所设有军事委员会，在其整个教学过程中，始终把军事训练放在相当重要的位置，为学员以后开展革命武装斗争打下了坚实的基础。方迪贞在几十年后的回忆中，他曾参加了平息麻城会匪的暴乱及堵击粉碎杨

森、夏斗寅六个团兵力的围城战斗，并胜利完成了任务，丰富了实践经验。

1927年6月18日，武昌农讲所举行毕业典礼。作为革命的火种，撒向四面八方。方迪贞以湖口、星子两县农运特派员的名义，赴指派地点开展农民运动。7月下旬方迪贞又奉令集中南昌待命，参加"八一"南昌起义。"八一"前夕，为迎接贺龙、叶挺的"铁军"队伍到南昌，他积极组织船只，秘密将部队运送到南昌。南昌起义后，方迪贞在南昌城内书写标语，张贴到大街小巷。因当时个子小体弱，几天后起义部队南下时，方迪贞未能编入部队，被动员回星子县及湖口一带继续开展农运活动。此时，革命形势骤变，国民党开始搜查并通缉共产党人和参加过武装起义的人员，方迪贞只好回到上饶，从此改名方冰，继续读书，并考入浙江杭州无线电学校，毕业后，自谋职业。抗日战争时，方迪贞进入国民党军队医院，担任文书、管理员等职。

《武昌农民运动讲习所人物传略》
（汪增讨　提供）

新中国成立后，方迪贞于1950年参加了以谭震林任校长的浙江省干部学校第三期为期三个月的学习，并于1951年分配到浙江分水县（桐庐）医院工作，任会计。1957年后，由于历史原因，方迪贞被错误对待，开除工作。"文革"结束后，方迪贞以宽厚胸怀，正确对待组织的审查及不公正的批判、处理，仍旧表示"以不辜负毛主席亲自培养的心情和华主席领导下的社会主义建设，努力献出自己一点一滴之长"。

1985年12月，方迪贞病故，享年75岁。

方迪贞寄《人民日报》的《记全国农民运动讲习所概况》回忆录：

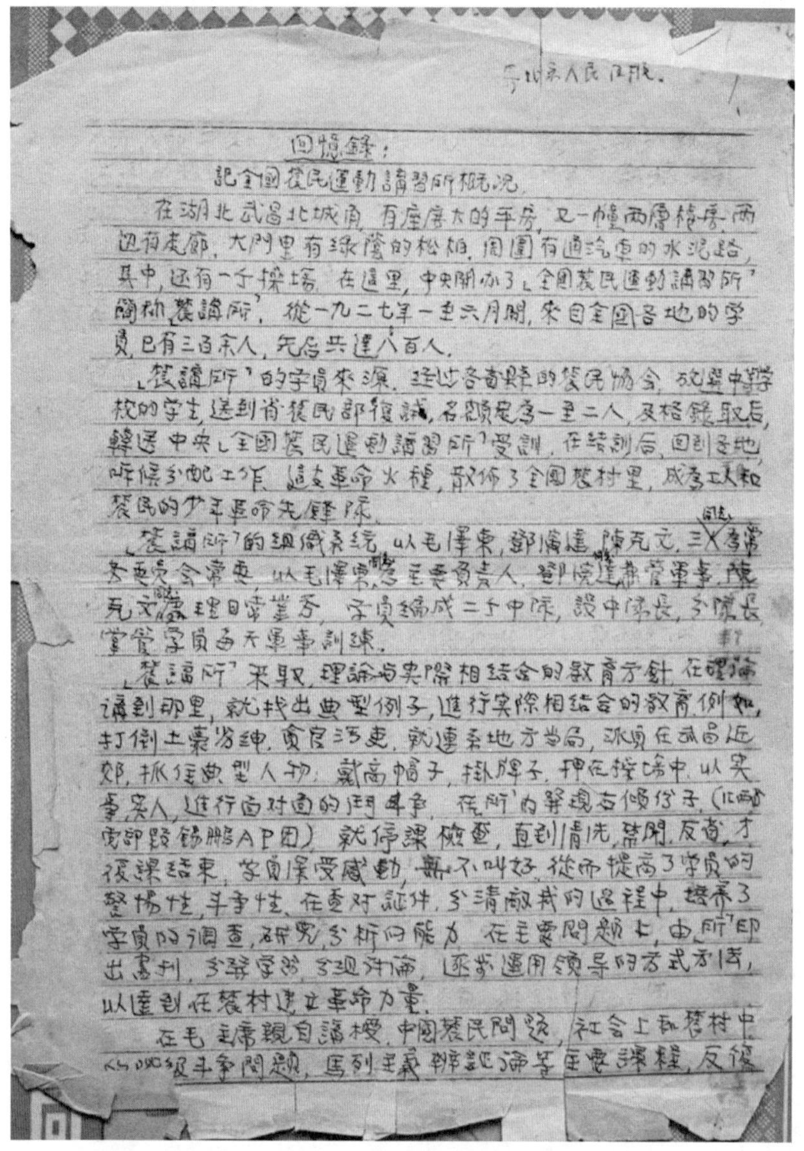

寄北京人民日報。

回憶錄：

記全國農民運動講習所概況

在湖北武昌北城角，有座廣大的平房，又一幢兩層樓房，兩边有走廊，大門里有綠蔭的松柏，周圍有通汽車的水泥路，其中，还有一个操場。在這里，中央開办了「全國農民運動講習所」簡称「農講所」，從一九二七年一至六月間，來自全國各地的学員已有三百余人，先后共達八百人。

「農講所」的学員來源，经过各省縣的農民協会，放選中学校的学生，送到省農民部復試，名額定為一至二人，及格錄取后，轉送中央「全國農民運動講習所」受訓，在結訓后，回到各地听候分配工作。這支革命火種，散佈了全國農村里，成為工人和農民的少年革命先鋒隊。

「農講所」的組織系統，以毛澤東、鄧演達、陳克文，三人為常务委员会常委，以毛澤東為主要負責人，鄧演達兼管軍事，陳克文處理日常業务，学員編成二个中隊，設中隊長，分隊長掌管学員每天軍事訓練。

「農講所」采取理論与实際相結合的教育方針，在理論講到那里，就找出典型例子，進行实際相結合的教育。例如，打倒土豪劣紳、貪官污吏，就連系地方当局，派員在武昌近郊，抓住典型人物，戴高帽子，掛牌子，押在操場中，以实事实人，進行面对面的鬥争。在所內發現右傾份子（江西省党部段锡朋AB团），就停課檢查，直到清洗、禁閉、反省，才復課結束，学員深受感動，無不叫好。從而提高了学員的警惕性、斗争性，在查对証件，分清敵我的過程中，培养了学員的調查、研究、分析的能力。在主要問題上，由所印出書刊，分發学習，分組討論，逐步運用領导的方式方法，以達到在農村建立革命力量。

在毛主席親自講授，中國農民問題，社会上和農村中的阶级斗争問題，馬列主義辯証論等主要課程，反復

方迪贞回忆录（一）（汪增讨　提供）

政权，（宁汉分裂）中央在此紧张情况下，采取措施，将
"农讲所"全部学员，中央陆军军事政治学校，中央党校，中央
湖南学兵团，编组成为中央独立第一师，举行阅兵誓师
礼，党代表恽代英讲了话。礼毕，立即分路出发，我们向咸宁
前线贺胜桥出，战斗不到一星期，就将敌军击溃，胜利完
成任务。

"农讲所"学员，经过这两次战役，丰富了实践经验，提
高了政治认识，只要党中央号召，那里需要，就奔向那里。虽
然[illegible]没有正式入党，而思想行动上，则已和党员一样
（没有公开吸收党员也没有人申请填表）忠诚为反正两党 毛主席的忠实的
学生，个个是党中央培养出来的革命骨干，只要是为革命事业服务，个个
有条件成党员，况且在读书在倾斜子过程中，更显得表现自己的立
观点。在结训后，一九二七年六月底，每人发下五角星的校徽一枚，并
刻有"农村革命"四个字。然后分批回到各省，江西的学员比较多，四十
人，到南昌后，由省农协分配，以县农民运动特派员名义，各赴其指
地点。但在南昌附近的县，在七月下旬奉令集中南昌待命。"八一"南昌起义
后，有的转入第二十军贺龙部为排连长，有的继续升学，有的参加生产
各有各的不同出路，但革命的目标，系一致的，仅仅是分工不同而已。

在眼前正在进行四化建设的新长征中，重温这段史实，有着
厚的教育意义，对党对人民，对个人都应有益无害，鼓舞我的学员，坚
革命的步伐，勇敢沿着新长征的路线前进，以不辜负毛主席亲自
养的心情，在华主席领导下的社会主义社会建设，努力献出自己一
一滴之长。

方迪贞 1979.7.20.

方迪贞回忆录（二）（汪增讨　提供）

在湖北武昌北城角，有座蛮大的平房，又一幢两层楼房，两边有走廊，大门里有绿荫的松柏，周围有通汽车的水泥路，其中，还有一个操场。在这里，中央开办了“全国农民运动讲习所”，简称“农讲所”，从1927年1月至6月间，来自全国各地的学员已有300余人，先后共达800人。

浙江省幹部學校畢業證書 第一四六號

茲有學員方迪貞係江西省上饒縣人性別男現年三十九歲在本校第三期第一部經三個月學習成績及格准予畢業此證

校長

副校長

教育長

公曆一九五 年 月二十日

方迪贞的浙江省干部学校毕业证书（汪增讨　提供）

“农讲所”的学员来源，经过各省县的农民协会，考选中等学校的学生，送到省农民部复试，名额定为1 ~ 2人，及格录取后，转送中央“全国农民运动讲学所”受训，在结训后，回到各地听候分配工作，这支革命火种，散布了全国农村里，成为工人和农民的少年革命先锋队。

“农讲所”的组织系统，以毛泽东、邓演达、陈克文三位同志为常务委员会常委，以毛泽东同志为主要负责人，邓演达同志兼管军事，陈克文同志处理日常业务，学员编成两个中队，设中队长、分队长掌管学员每天军事训练。

“农讲所”采取理论与实际相结合的教育方针，在理论讲到哪里，就找出典型例子，进行实际相结合的教育。例如打倒土豪劣绅、贪官污吏，就联系地方当局，派员在武昌近郊抓住典型人物，押在操场中，以实事、实人，进行面对面的斗争。在所内发现右倾分子就停课检查，直到反省才复课结束，从而提高了学员的警惕性、斗争性。在查封证件、分清敌我的过程中，培养了学员的调查、研究、分析的能力。

毛主席亲自讲授中国农民问题，社会上和农村中的阶级斗争问题，马列主义辩证论等主要课程，反复解释，不厌其烦，除例假外，每天坚持讲课两小时，从来没有缺课。邓演达主任，每周上大课一次，在特殊情况下，也临时要上大课，每天要乘飞机视察黄河南岸的我军、黄河北岸的军阀阵地，结合国内外形势，作出军事政治报告。郭沫若同志有时来所作专题讲话。广东农民代表，经常来讲述彭湃在海陆丰领导农民运动的实际状况。每逢节日或纪念大会，也邀请宋庆龄同志来所讲话。

为了适应全国大革命的开展，“农讲所”每天下午有2 ~ 3小时在课堂上学习步兵操典，野外勤务，夜间教育，在野外练习军事操作、射击、刺杀和战斗演习，每人1支新步枪，50发子弹，加上雨衣、背包、水壶、干粮袋、米袋、草鞋等，估计重量至少50余斤，全副武装。有时，夜间进行紧急集合，从起床到集合不能超过5分钟，有时进行夜行军、急行军，严格规定纪律，执行吃苦耐劳和英勇顽强的革命战斗精神。所以，“农讲所”1—3月对外不做什么活动，只求实践军事化的生活和树立无产阶级的革命思想，端正革命的态度。在后三个月中，正当武汉多事之秋，在学习过程中，曾有这样几次战役实践。

在湖北麻城，红枪会作乱，农民受害，不安于生活，不安于耕种。上级中央派兵镇压，当时，全国正处于轰轰烈烈的大革命高潮，北伐军尚在渡黄河，追击北洋军阀，武汉一时调不出部队去镇压，经中央研究，决定派“农讲所”学员一队去麻城平乱，经过半个月的战斗，终将红枪会消灭，胜利归来，但伤亡了两人，失去校旗一面。

武汉三镇，兵力空虚，仅留叶挺一个警备团，蒋介石认为有机可乘，派杨森、夏斗寅率领六个团的兵力，向武昌正面包围起来，企图一齐摧毁党中央的政权，(宁汉分裂)中央在此紧张情况下，采取措施，将“农讲所”全部学员，中央陆军军事政治学校、中央党校、中央南湖学兵团编成为中央独立第一师，举行阅兵誓师典礼，党代表恽代英讲了话。礼毕，立即分路出发，我们向咸宁前线警戒堵击，战斗不到一星期，就将敌军击溃，胜利完成任务。

“农讲所”学员经过这两次战役，丰富了实践经验，提高了政治认识。只要党中央号召，哪里需要，就奔向哪里去。虽然没有正式入党，但思想行动上，则已和党员一样。在结训后，1927年6月底，每人发下五角星的校徽1枚，背面刻有“农村革命”四个字，然后分批回到各省。江西的学员比较多，40余人，到南昌后，由省分发派合，以县农民运动特派员名义，各赴其指派地点，但在南昌附近的县，在7月下旬奉令集中南昌待命。“八一”南昌起义后，有的转入第二十军贺龙部为排连长，有的继续升学，有的参加生产单位，各有各的不同出路，但革命的目标是一致的，仅仅是分工不同而已。

在眼前正当进行四化建设的新长征中，重温这段史实，有着深厚的教育意义，对党、对人民、对个人都是有益无害，愿幸存的学员，坚定革命的步伐，勇敢沿着新长征的路线前进，以不辜负毛主席亲自培养的心情和华主席领导下的社会主义社会建设，努力献出自己一点一滴之长。

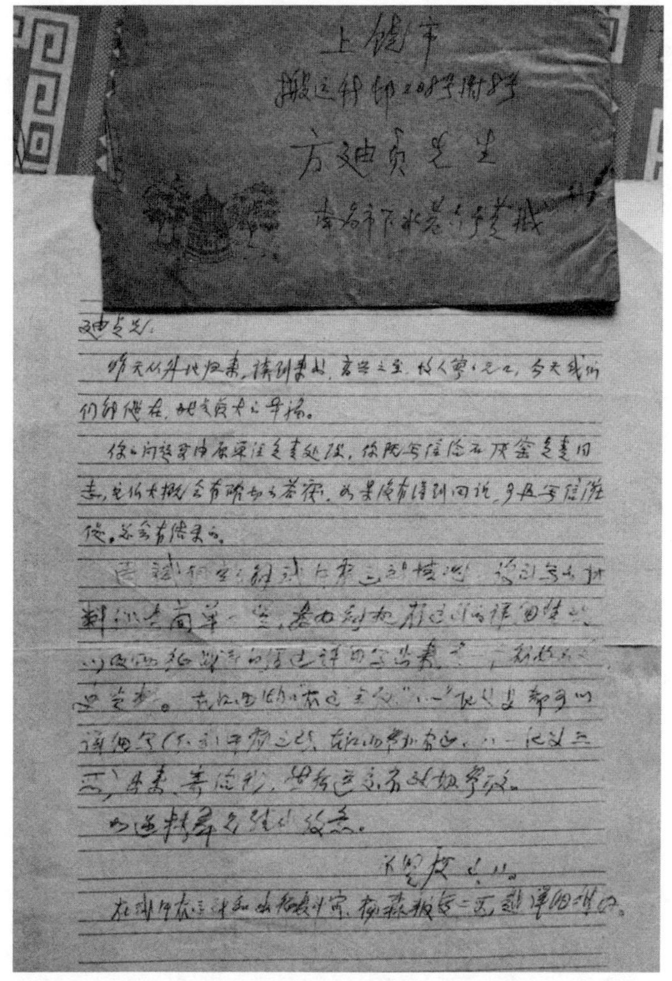

原江西省人大常委会副主任黄贤度回复方迪贞的信（汪增讨　提供）

迪贞兄：

昨天从外地归来，读到来书，高兴之至，故人寥寥无几，今天我们仍能健在，就是最大的幸福。

你的问题可由原单位负责处理，你既写信给石灰窑负责同志，他们大概会有确切的答复，如果没有得到回讯，可再写信催促，总会有结果的。

周斌调查了解武汉农运所情况，你所写的材料仍太简单一些，最好能把农运所的详细情况以及西征战斗的经过详细写出来，是一个很好的文史资料。

在江西湖口“农运”会议、“八一”起义等都可以详细写（分武汉农运所、在江西参加农运、“八一”起义三段）出来，寄给我，然后送交省政协参考。

如遇轶群兄请作致意。

黄贤度

4.11

在武汉农运所和出征夏斗寅、杨森叛变二者，越详细越好。

（作者简介：汪增讨，上饶市炎黄文化研究会副会长；吴晓敏，《新信州报》记者）

方志敏在信州城的最后留影

汪增讨

伟大的革命家方志敏一生到信州城多少次？求学时到过信州城吗？发动和领导革命斗争过程中到信州有几次？红军三打信州城他到信州城了吗？我想这些也应该是研究方志敏绕不过的历史吧。

旧杂志中的方志敏等人被捕照片

我在撰写信州区广场变迁史话一文时，曾提及方志敏被捕后由玉山押解信州城，国民党政府在上饶体育场举行了所谓的“庆祝生擒方刘大会”。为更多了解当时历史，我对当年目睹现场的徐炳辉老人进行了采访，还学习了方志敏的《我从事革命斗争的略述》一文。1935年2月1日，方志敏曾被国民党反动派押解于上饶体育场的台上进行“示众”。

方志敏被捕后在上饶的照片

徐炳辉老人说，那天到广场参加大会，是上午8点多钟，我（指徐炳辉）随着许多人到上饶公共体育场，人很多，估计占了广场三分之二。不一会儿，一辆汽车从外面开到司令台后面，车上坐了方志敏等三个人。据方志敏《我从事革命斗争的述略》一文："次日解玉山，再解上饶，就钉起了脚镣。自生以来，没有带过脚镣，这次突然钉起脚镣，一步也不能行。上饶反动派召集"庆祝生擒方刘大会"，他们背我到台口站着，任众观览。"

方志敏（中）与刘畴西（左）、王如痴（右）在驻上饶的敌"第八绥靖区"司令部前合影

据徐炳辉老人回忆，三个人都是用绳子捆绑着，还有手铐、脚镣。当时方志敏站在中间，左右两边分别站着刘畴西、王如痴。

徐老回忆道：方志敏身材高大，很魁梧，高出他们两人一个头。三人虽然是“囚犯”，但一点也不怕，特别是方志敏，头昂起来，非常有精神。在台上只站了十多分钟，方志敏三人又被押下台坐上车开走了，也就散会了。没有什么人上台讲一句话。我当时看得非常清楚，所以也记得很牢。会场上没有人呼口号，好像广场四周没有兵士，只是看到汽车上有许多当兵的人。

笔者也记得母亲生前曾说过，当时是保甲长挨家挨户进行通知，如果不到体育场去，就是“通匪”的，所以去的人很多都是被迫无奈的。

关于此事，方志敏《我从事革命斗争的述略》一文还有这样一段描述：“我昂然地站着，睁大眼睛看台下观众，我自问是一个清白的革命家，一世没有做过一点不道德的事（这里是指无产阶级的道德），何所愧而不能见人。观众看到我虎死不倒威的雄样子，倒很惊奇起来。”这是原上饶体育场的灰暗历史，也是方志敏与上饶家乡人的最后一次见面。

让我们永远学习和记住方志敏的革命大无畏的精神，为建设大美上饶而努力做奉献！

伟大的革命家方志敏永垂不朽！

（作者简介：汪增讨，上饶市炎黄文化研究会副会长。）

信州解放的历史回眸

徐炜

新中国成立前的上饶古城墙（徐炜　提供）

1949年5月4日的饶城，天刚蒙蒙亮，下西街早起的人家一打开门，立刻被沿街两旁排列整齐、席地而卧的军队吓得重新关紧大门……以至于多年以后下西街人还在热议：“啊呀！都不晓得是啥时候就悄悄躺在了家门口，一整夜的半点动静都没听到！”“都是兵小嘞啊，5月的天还凉得狠哩！敲个门我们可以把门板子卸下来让他们睡啊……”

下西街人不知道的是，这支番号为中国人民解放军二野四兵团第十五军

第四十五师的部队，5月3日下午就从横峰外围急行军直插上饶抵达枫岭头。驻城的国民党雄师部队等闻风弃城而逃，国民党交警总队第七纵队逃至铅山江村时大半被歼灭，至分水关全部歼灭；另一支由国民党上饶县县长罗造平带领的上饶保警大队逃往花厅、四十八，被追歼生擒；在郭门的浙赣线上，载着国民党京沪杭指挥部六个中队官兵的军用专列被拦截，全列官兵被俘。

1949年5月4日的早晨，朝阳灿烂升起，嘹亮的军号声吹响。陈赓的二野四兵团第十五军第四十五师，在师长崔建功的率领下，在饶城欢呼的人群中，在“跟着毛泽东走”的歌声中，从西门入城，上饶解放了！

第一代上饶火车站

4月21日，中国人民解放军百万雄师，从西起湖口东至江阴的千里战线上，发起了渡江战役。

二野三、四、五兵团奉总前委命令，从安徽望江县的华阳、漳湖一带发起总攻，强渡长江天堑，迅速截断浙赣线，割断国民党汤恩伯集团与白崇禧集团的联系，以上饶、贵溪为目标，多路追击国民党军。

四兵团以十五军和十三军为左右纵队，沿安徽至德（东至县）的昭潭街，至江西弋阳的漆工镇一线快速前进，追歼国民党第六十八军、四十六军等部。

左纵队先头部队十五军四十五师，沿昭潭街、乐平县城、碧湾一线直扑上饶。右纵队先头部队十三军三十七师，沿鄱阳县石门街、万年县陈营一线直扑弋阳。

五兵团十七军沿景德镇、德兴、玉山、江山一线直扑衢州，截击从浙江西逃之敌。

4月28日，四兵团先头部队一部解放万年。

4月29日，四兵团十三军三十七师一一〇团解放鄱阳，五兵团十七军解放景德镇。

5月1日，五兵团解放婺源。

5月2日，四兵团解放乐平。

5月3日，四兵团分别解放余干、弋阳、上饶。

5月4日，横峰、河口解放。四兵团十三军三十七师解放了贵溪、鹰潭。

5月5日，广丰、铅山、玉山解放。

二野四、五兵团十多天时间内解放了上饶全境。

解放战争后期，与闽浙皖三省毗邻的赣东北地区尤其是上饶，具有十分重要的战略地位。

首先赣东北气候宜人，土地肥沃，物产丰富，是江西著名的鱼米之乡。

其次，浙赣路从东向西横贯全区，是华东通往华中、华南的中心地段。公路则从上饶辐射闽、浙、皖诸省。

再其次，上饶是赣东北的主要城市，历为闽、浙、皖赣边反动统治中心。抗战时期国民党在此设立第三战区长官司令部。新中国成立前夕，国民党对赣东北从政治上、组织上、军事上又作了系统部署，在此建立军统、中统等特务组织，疯狂扩充地方武装，妄图与解放军顽抗。

最重要的一点是，赣东北又是老一辈革命家方志敏开创的老革命根据地，具有光荣的革命传统。经历了抗日战争、解放战争，依然很好地保存了党的组织和干部。

上饶的解放，中国人民解放军占据了浙赣铁路中段，割断了国民党华东汤恩伯集团和华中白崇禧集团的联系，堵住了京、沪、杭残敌向西溃退的逃路。上饶成为既是抗击美国武装干涉的一个重要后方，又是支援第三野战军解放东南及沿海地区作战、第二野战军准备向华南及西南各省进军的一个重要基地。

新中国成立后直接实行军管制的赣东北区，到底拥有怎样的党、政、军阵容呢？

赣东北区党委书记苏振华（开国上将，上海市委原书记）、第一副书记徐运北（开国部长）、第二副书记黄先（江西省委原常委）。

赣东北行政公署主任黄先、秘书长边裕鲲（财政部办公厅原副主任、行政财务司司长）。

赣东北军区司令员肖元礼（开国少将获二级八一勋章、二级独立勋章、一级解放勋章）、政委徐运北（兼）、副司令员傅家选（开国少将，济南军区原参谋长、副司令员）、汪乃贵（开国少将，获一级八一勋章、一级独立勋章、一级解放勋章）。

区党委、行署、军区设在上饶，下辖上饶、景德镇、贵溪、浮梁4个地委、26个县（市、区）。

上饶地委书记赵淘（铁道部建设总局原副局长）、副书记金风（贵州省委组织部原部长），专员朱农（安徽省政协原副主席）、副专员孟子明（贵州省人大常委会原副主任），分区司令员罗仁泉（开国少将，获二级八一勋章、二级独立勋章、一级解放勋章）、政委赵淘（兼）。

1949年5月11日晚，这个强大的党、政、军机构和所属干部进驻上饶城，安营扎于上饶市中山路中段的以北片区，开展赣东北的全面接管工作。

5月14日，根据中共赣东北区委的决定，析出原上饶县广平镇及城郊若干乡建立上饶市（信州区的前身），设东市、西市、水南3个区，下辖21个街公所和14个村公所。金风兼任市委书记，杜恩训（国家建筑材料工业局原局长）任市长。

那时候，全国人大常委会前副委员长田纪云，随南下干部支队到上饶时还只是个20岁出头的小伙子，时任行署财务处总会计。1988年时任国务院副总理的田纪云到上饶，专门找寻了他当年工作战斗过的地方。

1948年10月28日，中共中央发出了《关于准备夺取全国政权所需要的全部干部的决议》。12月，华北局在石家庄召开会议。冀鲁豫区党委遵照指示把从8个地委、专署、军分区和57个县（市）抽调的3960名干部、2027名战士勤杂人员共5987人，组成冀鲁豫南下干部支队，下辖6个大队，44个中队。

为保证安全支队配备了9个警卫连。1949年3月，南下干部支队编入军队建制，番号：中国人民解放军第二野战军第五兵团南下支队。司令员傅家选，政治委员徐运北，参谋长万里，政治部主任申云浦（贵州省委原副书记、第一届省政协主席）、副主任郭超（原福建省委书记、厦门经济特区首届管委会主任），供给部长陆耀海。

4月初，渡江战役总前委刘伯承、邓小平、陈毅、粟裕等领导在合肥接见了徐运北，明确下达南下干部支队过江任务：建立赣东北区党委，独立于江西省建制之外直属华东局领导。徐运北任区党委书记。万里带第四大队大部和支队部的部分干部620人、勤杂人员120人去南京参加接管工作。4月17日在桐城，南下支队党委根据赣东北地区27个县、市（区）实际情况，确定划分上饶、贵溪、浮梁、鄱阳4个地区及景德镇市，同时将接收任务具体分配到大队（地委）。4月26日黎明时分，支队从安庆附近分批渡过长江。

如此高规格强阵容的党政军队伍，在上饶这片红土地上，将领导上饶人民全面开启接管旧政权、建立新政权，革命秩序维护，战犯和敌特搜捕，复工复业，恢复铁路、公路交通，征粮支前救灾的伟大新征程。

能够想象刚刚解放的赣东北到底有多少军队驻扎吗？23万！新组建成立的上饶市（整个赣东北地区的政治军事指挥中心），总人口还不到5万。

中国人民解放军百万雄师渡江后，中国人民解放军第二野战军的四兵团、五兵团部队23万人，战马1350匹，在赣东北地区备战待令。数万第三野战军大军进军福建，从上饶过境。还有接收的国民党政府各级旧职人员两三万人。这么多人需要解决吃饭问题。同时华东局指示：随着上海解放，国民党抛出最后一张王牌，对上海进行粮食和贸易的海上封锁，赣东北地区必须紧急调出大量粮食、煤炭支援上海。

刚刚接管政权的赣东北区党委，全域范围内清仓借粮，以保证军需民用。十万火急！

人民日報

高度發揮團結友愛精神
"五一""五四"運動會勝利閉幕
各項競賽中勞動人民創新紀錄

擁護蘇聯 保衛世界和平

在華北工代會議上
劉少奇同志講話

大同 成立

我軍向浙贛路全線猛攻
佔領上饒鉛山兩

報道上饶解放的《人民日报》

1949年5月11日，上饶市军事管制委员会刚刚成立。5月13日，市委开始派干部摸底，责令旧政权职员清册移交。5月14日，市委市政府机构成立。20日，对原广平镇的行政、军事、交通、经济、文教以及企业官僚资本全面进行接管。

接管方式上，对企业、学校、税收原组织完整的部门，执行自上而下原封不动的方针，迅速恢复秩序复业复课。公营企业职工、行政机关的伪职员在交代期间发维持费，交代后进行集中训练，选择成分好、可资改造的职员分配专署、政府工作，其余遣散回原籍。同时将滞留在城区的流亡学生、外籍难民、原国民政府军队的散兵游勇、被俘官兵共2368人，实行先安置后分批遣返原籍安家落户。

1949年的上饶市，从城市到农村，到处都是征粮点，一派热火朝天，因秩序混乱时有抢粮事件发生。5月30日，徐运北亲笔著文指示征粮工作，开篇首句简洁明了："粮食，如目前搞不到，党政军民，马上就没有饭吃。将直接影响我政治威信。"全文不过900字，直接将征粮工作向政策化、制度化纵深推进。

从5月到8月，中共上饶市委、上饶市军管会组织干部突击清仓借粮。共计征借稻谷47.1521万斤，公柴19.8313万斤，草料7.1311万斤，超额完成30万斤的征粮任务。整个赣东北区共筹借粮食2693.6267万斤。先后供给军队食米3262万斤，马料粮514.9750万斤。并将食盐30万斤、食米30万斤、大米325万斤，植物油21.5974万斤、茶叶4.7万斤、烟叶8.8万斤、布匹1.5万尺调往上海、杭州，胜利完成了解放初期的支前援沪任务。

上饶市的支前任务仅仅是一个开端。

上饶市地扼闽、浙、赣要冲，在鹰厦铁路通车之前，运往福建的辎重都经由上饶转运，被称为"支前的前线"。为保证军运、电讯公路的畅通，短短4个月的时间里，赣东北地区组织紧急抢修、建公路桥梁138处，修架电线160华里（大部分在上饶市境内）。从1949年至1953年，上饶市委组织调集民工抢修上分线（全长81.54千米）、上二线（全长57.39千米），配合人民解放军部队，赶工建设信江桥和前进桥，新造支前浮桥，保证了赴闽部队顺利跨越信江和丰溪河。

前进桥旧影

1950年10月，上饶市专门成立了支前委，抽调干部8人，雇用炊事员20人，在车站街成立支前招待所，在随后的三年内接待过境部队12万余人。

赣东北历为土匪和反动会道门活动频繁地区。二野五兵团接管后，不到一个月的短暂平静，便在国民党潜伏特务的煽动下全区范围内发生匪乱。至6月间人枪达万余。匪乱始发于鄱阳地区，以围攻政府，杀害军政工作人员，拦截车辆、船只实施抢劫。最严重的一次，将鄱阳新都乡的干部、公安及战士共14人包围杀害。

6月28日赣东北军区司令部、政治部召开各军分区团以上干部会议，作出加快发展地方武装、开展剿匪斗争、保卫新生革命政权的决定。各地以南下支队武装为骨干，以坚持在赣东北活动的游击队为基础，建立地方公安武装，7月底地方武装由不足2000人迅速发展到9973人。

7月12日，五兵团派出三个主力团与地方武装同时投入剿匪斗争。到8月中旬，全区剿匪174次，毙敌327人，俘1264人，受降2050人，收编1555人，缴获炮29门，重机枪12挺，轻机枪347挺，步枪9980支，短枪70支，卡宾枪32支，冲锋枪129支，各种炮弹1220发，子弹320950发，手榴弹1948枚。

在赣东北的剿匪斗争中，五兵团部队伤亡干部战士300名。南下支队牺牲的干部战士44人。杜鹃啼血，英雄长眠。赣东北人民将永志不忘。

上饶专区革命烈士纪念碑

1949年6月，上饶市在接管旧警局、改造旧警队的基础上，建立了市公安局。对一切旨在颠覆人民政权的敌对分子进行了有力打击。联合杭州市公安局和上饶专署公安处，5天时间侦查告破西市药皇庙的印刷伪造人民币案。在全市范围内对4类分子进行摸排、登记、管制，着重打击恶霸、特务、反动党骨干、反动会道门头子，侦破了一批间谍、特务和反革命分子现行破坏活动案件，坚决取缔一贯道、同善社、大刀会等反动道门组织。

1949年7、8月间，中共中央连续发出《关于召开各界代表会议及人民代表大会与党的代表会议及代表大会的指示》《关于召开各界人民代表会议的补充指示》，要求“凡三万人口以上的城市，在解放两个月至迟三个月后，即应召开各界代表会议，以为党与政府密切联系人民群众的重要方法之一”。

7月21日，上饶市军管会和市人民政府联合邀请各界代表35人，开会协商召开市各界人民代表会议有关事宜。22日，上饶市首届各界人民代表大会第一次会议正式举行。会议着重讨论恢复发展生产，贯彻“劳资两利”政策，肃清匪特，支援前线，清仓筹粮，慰问南下解放军以及市政建设等问题。选举辛亭为市各界人民代表会议主席，盛名勋为第一副主席，刘瑞景为副主席。10月，再次召开各界人民代表大会第二次会议，会议选举朱鸿翔为主席，增选周泰亮为第二副主席。会议讨论了安定社会秩序、肃清反革命残余势力等问题。

上饶市为解放全国、建设新中国培养输送了大批适应接管建政需要的干部队伍和专业人才。

1949年5月，赣东北区党委在灵溪创办了赣东北军政干部学校，校长由赣东北区党委宣传部部长申云浦兼任，同时在景德镇设分校。随后在广丰、铅山、贵溪、鄱阳相继设立分校。为培养专业人才，同期建立卫校、文工团，在各县招生举办培训班。5月17日，二野五兵团依照中央指示，在上饶中学（今信江书院旧址）筹建第二野战军军事政治大学第五分校（二野军政大学校长刘伯承兼任）。5月31日五分校正式成立，五兵团司令员杨勇兼任校长、五兵团政治委员苏振华兼任政治委员。学校暂编为7个中队。6月初，五分校由上饶迁往横峰莲荷。至9月初，两所学校为赣东北区培养选拔了地方干部7739名。

1949年7月，为适应解放战争胜利发展形势需要，中共中央命令二野进军大西南，解放接管云、贵、川、康（西康），由五兵团解放接管贵州。同时决定3000名冀鲁豫南下干部和赣东北新参加革命的知识青年组成西进大队，随军西进贵州。

7月18日，二野前委发出了关于进军西南的指示。

8月19日，二野发出向川黔进和作战的基本命令。

9月27日，原冀鲁豫区南下的3000多名干部、1000多名通讯、勤杂人员和原江西赣东工委地下党抽调的一批干部以及新吸收的2600多名青年干部组成了“中国人民解放军第二野战军第五兵团西进支队”。此外，二野军大五分校，十六军、十七军、十八军三个军的随营学校，赣东北军区文工团等，全部随军西进。据不完全统计，参加西进的赣东北革命青年近7000人，上饶知识青年几乎走空。这批英雄的赣东北儿女，成为解放贵州、接管贵州、建设贵州的骨干力量。

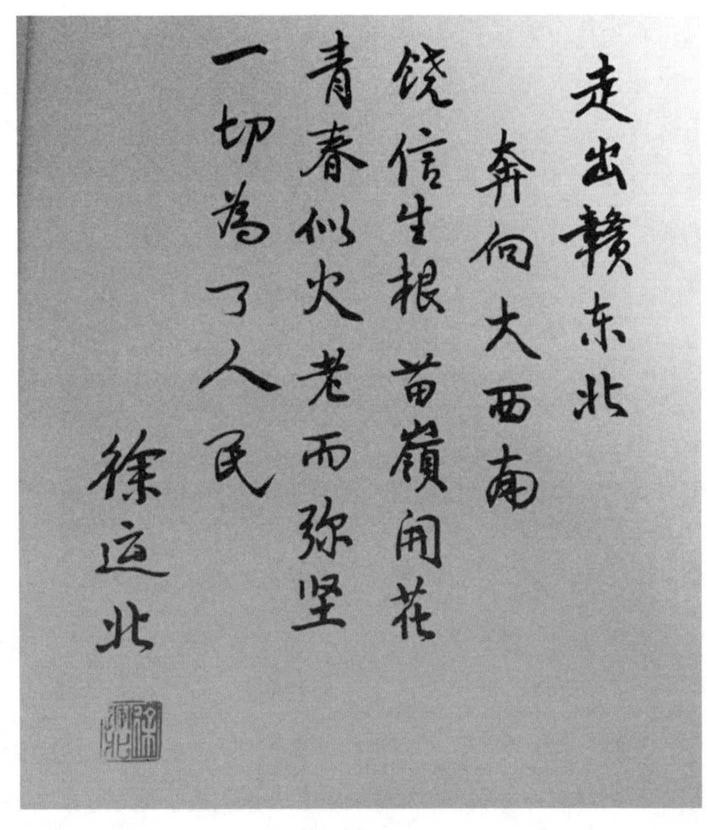

徐运北题词

历史的风雨，会冲刷掉许多记忆，亦会使一些记忆更为鲜明突出，让那些值得纪念的事件之价值、意义倍加明晰。1949年9月，7000赣东北儿女响应党的号召，唱罢骊歌辞故里，加入了浩浩荡荡的西进大军，踏上了解放大西南、建设大西南的漫漫征程。在西进征途中，他们不惧头顶反动派飞机的盘旋俯冲，不惧身边纷飞的枪炮硝烟，不惧脚下一眼望不尽的崎岖山路，一路向西、向西、向西！直至抵达党和人民需要他们的地方。

1950年在贵州的赣东北儿女照片

在随后的社会主义改造和社会主义建设时期，赣东北儿女们在贵州大显身手，施展才华，在改革开放大潮中建功立业。上饶市广丰区籍的俞百巍同志，奔赴大西南前任原中共江西赣东工委书记，在赣东北解放前夕，他组织的信江支队拥有400多人、300多条枪，为配合渡江大军解放赣东北起了重要作用。到贵州后俞百巍同志历任遵义的军代表、市委宣传部副部长，贵州省教育厅党总支委员，贵州省文化厅厅长，对贵州的文化艺术事业的发展及贵州省的党史资料收集保护工作做出了杰出的贡献。李菁同志历任贵州省委农工部副部长、农村政策研究室主任，他在全国率先建立农村改革试验区，大胆探索新模式，先后出台了一系列敢为人先的新举措，荣获“全国农村改革试验区贡献奖”头名。玉山县籍的乔崖同志，到贵州后长期担任贵州省委书记、军区司令员兼政委苏振华的秘书，最后成长为一名海军少将，荣获“胜利功勋荣誉勋章”。离休后被聘为海军出版社特约编审，负责审定了40余部书稿，出版了自己的作品集《鸡鸣集》。70年来，这支朝气蓬勃的年轻干部队伍，在革命实践中成长壮大，足迹踏遍了贵州的山山水水，在各行各业各个岗位上谱写出了华丽的篇章，为富民兴黔大业做出了重要贡献。

70年前，7000赣东北儿女怀着一腔热血毅然放弃业已到来的和平生活，奔向战火纷飞的异乡，完成挺进贵州、建设贵州的历史使命，是一个永垂史册的经典事件，一篇催人奋进的灿烂篇章，一项共和国不会忘记的光辉业绩。山一程、水一程，风雨西南行。胸怀壮志别双亲，千里赴征程。父一生，子一生，生生黔贵情，两头青丝成白霜，至今无悔声。

（作者简介：徐炜，信州区政协委员，信州区党史办主任）

新中国成立初期的信州旧影

徐炜

1949年5月3日，饶城解放。中共赣东北区委在原上饶县广平镇设立上饶市，由上饶专区直辖。5月11日，上饶市军事管制委员会、中共上饶市委、上饶市人民政府成立后，按照中央和省委部署，立即组织全市人民征粮支前、接管城乡、召开地方各级人民代表会议，建立各级人民政权，开启了建设上饶市的历史征程。

新成立的上饶市委、市人民政府积极引导和带领全市人民，全面稳定巩固新政权下的社会秩序，努力恢复和发展城乡经济。1953年，完成了对农业、手工业和私营工商业的社会主义改造。“三大改造”的完成，适时地释放了社会生产力，推动了社会经济的建设发展，为社会主义计划经济奠定了基础，为发展工业化开辟了道路。

1956 年的信江两岸

1950 年出席参加省首届各界人民代表会议上饶镇代表合影

1950 年上饶镇首届第二次各界人民代表会议留影

1951 年纪念“五一”国际劳动节示威大会

1951 年上饶市妇联执委扩大会议

1952年全市“三八”妇女节大会

1955 年上饶市第一届妇女干部模范大会全体模范

1955 年上饶市第四届劳模大会全体劳模合影

1956 年上饶市第一次党代会

1951 年市郊解放村水稻选种模范合影

1951 年市郊解放村水稻选种模范户留影

1952 年市郊杨家湖村刘我泉互助组耘田追肥情形

1954 年市立医院住院部成立摄影留念

新中国成立初期正在拓宽的沿河路

我的父亲母亲

郑 建

1976年，父亲病逝，魂归故里。在弋阳安葬完老父亲后，母亲凝望着那山那冢久久不肯离去。“妈妈，我们回家吧，大家都在等着您。”我知道，母亲此时是不忍离开冢里那已化为灵魂的人。

（注：照片左侧为作者郑建，中间为其母张宝珍，右侧为其弟郑力，1976年摄于弋阳）

一、征战中结缘

我的老家弋阳县漆工镇齐川源村，是红十军的诞生地之一。祖父郑长财1928年起就以皮匠身份作掩护，带着17岁的父亲郑占魁，为方志敏秘密跑交通。1930年有一次要穿越国民党军重兵把守的地域，祖父预感凶多吉少，不让父亲跟去。结果祖父果真在乐平被国民党军逮捕杀害。祖父牺牲后，父亲参加了红军，因队伍缺少武器，不得已回家务农了一阵子，1931年才正式归队。1933年入横峰葛源红军第五分校学习，结业后很快升为排长、连指导员。1938年国共合作，父亲所在的皖赣边游击队，在景德镇瑶里编入新四军一支队二团。

1926年，母亲出生在浙江安吉县天目山下的一户小殷人家。外公和舅舅是乡村小生意人，不时会把家乡产的茶叶、竹笋等一些小山货运到上海去贩卖。母亲虽是女孩，因家境还算好，读过几年私塾，有点文化意识，自幼喜欢追求新鲜事物。母亲还在童年时，外公就与同做小买卖的伙伴，商订了儿女的娃娃亲。母亲懂事后对这门亲事很不满意，但外公是个老顽固，认为给母亲找了个殷实的家庭，女儿嫁过去不会吃苦。

1945年5月，父亲所在的新四军部队路过天目山下这座小山村，这支部队就是后来在孟良崮全歼国民党整编七十四师王牌军的队伍，赫赫有名。19岁的母亲为反抗包办婚姻，毅然和村里的两位小姐妹悄悄参军跟着新四军部队走了。外公知道女儿跟着当兵的跑了，急忙带着舅舅追到部队驻地要接母亲回家。那时部队里有很多老红军、老八路因为战争没有成家，好不容易招到几位女兵，稀罕得很，怎会轻易让她们被拉回家？部队首长于是叫上两名战士，拿着三八大盖，拉了两下枪栓，硬是把外公和舅舅吓跑了。

那是个激情燃烧的岁月，母亲因粗通文墨，能写会算，被分配到父亲所在的军需管理部门。当年父亲奉命去纵队首长那儿领兵时，没想到领了位这么漂亮健康的女兵，心里甭提有多高兴了。他知道纵队首长是在成全自己，乐不可支地把母亲接回部队。从此行军路上，父亲的马背上总骑着一位英姿飒爽的女战士，父亲也从原来骑马的人变成牵马的人。

1947年，父亲与母亲在南征北战的征途中结为连理，此后母亲跟随父亲一起参加了打淮海、战上海的战役，一直打到百万雄师过大江。新中国成立后，母亲带着警卫员、骑着高头大马回乡省亲，轰动邻里。父亲和母亲的军属优待证发给了外公家，人民政府给了外公和舅舅家很多照顾。外公又庆幸好在当年没将母亲硬拉回家，否则就没这些荣耀了。

新中国成立前夕，父亲的部队机关在上海市驻扎下来。但他惦记着近20年无音讯的老母亲，宁可放弃繁华都市的优越生活，申请转业回艰苦的家乡工作。1951年至1953年，父亲先后被任命为贵溪县副县长、县长。而他回乡后才知道，祖母早已在艰苦岁月中去世多年了。1956年至1957年，父亲先后被任命为上饶地区法院院长、上饶专署副专员。母亲转业后先在上饶地区妇联任主任，“文革”后期在市人民医院任书记，离休前任上饶市委党校副校长。

我们家是严父慈母，父亲历经残酷战争，对子女严厉，动辄呵斥鞭打。母亲小家碧玉，性格温婉，教育子女时总是“和风细雨”。我家五兄妹，妹妹最小，深得父母宠爱。1948年母亲曾生育过一个女儿，因当时行军作战生活太艰苦，大姐还在襁褓中就夭折了。

我们家男孩多，淘气顽皮的事儿也多。每当我们犯了事，父亲要教训儿子时，总是先把板凳打得啪啪响，一阵吓人的响声过后，也不知父亲从哪里找来的毛竹梢子，总是高高地举起，又总是恰到好处地落下，打起人来痛皮不伤骨，而且还能虚张声势地将桌椅板凳抽得山响。那种隐藏着父爱“恨铁不成钢”的鞭打，有记忆的痛，没有伤心的痛。尽管如此，母亲只要听到啪啪的响声和呵斥声，就会及时赶来，极力阻止父亲的“野蛮”行为。母亲平日颇具江南女子的温柔，一向顺从父亲，从来不乱发脾气。但每看到父亲鞭打儿子时，瞬间便会发怒，不顾一切地上前制止。那阵势，连脾气暴躁的父亲都会被她镇住。但她并不溺爱“护犊”，是非还是分得很清楚的，只是反对父亲简单粗暴的教育方法。

我们家的全家福

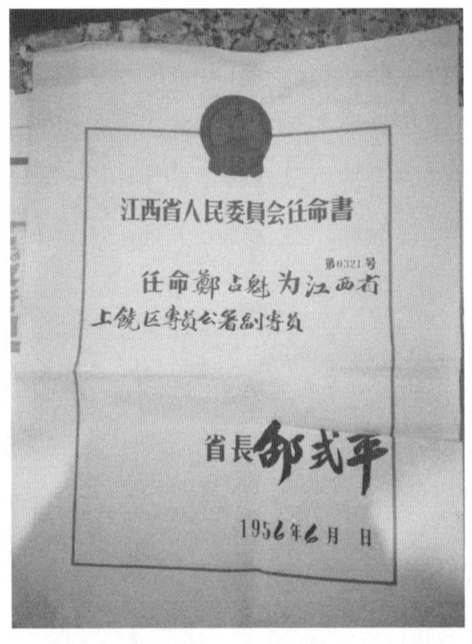

江西省人民委员会任命書

第0321号

任命鄭占魁为江西省
上饒区专员公署副专员

省長邵式平

1956年6月 日

父亲 1956 年的任命书

二、父亲的历史“疑案”

上饶专署原副专员郑占魁

1966年，父亲因身体状况不好，准备提前离休，正待办理时，恰好“文化大革命”运动开始，离休的事便停办了。动乱中，父亲作为“走资派”受到冲击，被关押了好一阵子。造反派从父亲的履历表和档案里，寻找一些“可疑点”，不停地逼着父亲“交代历史问题”，以持续他们莫须有的迫害。在被批斗、“靠边站”的日子里，父亲怕我们出去惹事，整天把年幼的我和弟弟妹妹“关”在家里，背读毛主席诗词和语录。才14岁的我还有个额外任务——帮父亲抄写“交代材料”，交代他的一个“历史问题”。但这个“历史问题”，每次“交代”都过不了关，一直被造反派揪住不放。而我因为反复抄写，那些交代内容早已烂熟于心，至今仍记忆犹新。

父亲反复交代的内容，其实是一件历史事件的经过：1935年夏，身为连指导员的父亲带队去皖南执行任务，途中遭遇“清剿”红军的国民党军伏击，一小队红军战士几乎全部当场牺牲，除失踪一人外，只有父亲独自生还。返回部队后，父亲因这次任务的失败而受到处分，由连级干部降为普通战士，此后在游击队里当了两年伙夫。

这次失误本是父亲的一生之痛，但在“文革”运动中，却成了造反派屡屡揪斗父亲的一个“重大历史问题”。

“说！全都牺牲了，怎么就你一个人回来了？”

“怕死！临阵脱逃。”

父亲每次“交代”时，造反派都这样厉声叱问。这件事成了父亲在“文革”中总也说不清楚的“历史疑案”。

父亲是1931年在家乡弋阳参加红军的，此后转战南北，历经艰苦的南方游击战争、抗日战争、解放战争及解放初期的剿匪战斗，出生入死，久经沙场。

国民党军对失去军事力量庇护的苏区进行了疯狂“清剿”，闽浙皖赣苏区被分割成闽浙赣和皖浙赣两片游击区。红军部队也化整为零，与敌人周旋游击。父亲当时在皖浙赣边游击区，这是由安徽贵池、秋浦、铜陵和浙江开化、淳安及江西的彭泽、鄱阳、浮梁、婺源等三省交界区域组成的游击区，山高林密、地旷人稀，便于隐蔽打游击。父亲时任皖赣独立师武装交通连的连指导员。国民党军为了分割“清剿”红军游击队，在边界地区设置了许多封锁线，阻隔游击区之间的人员往来，封锁生活物资，欲将红军游击队困死在山里。而武装交通连当时的主要任务是武装护送中共首长或重要人员往来各游击区，责任重、危险大。

1935年8月，父亲奉命带领8名战士佩带6支驳壳枪，去皖南贵池接皖赣独立师师长匡龙海到江西浮梁。当这支红军小队前往贵池途经皖南休宁的深山时，不幸恰遇“清剿”红军游击队的国民党军下山，国民党军武器、人员和地形都占有优势，居高临下的敌军首先发现了正在上山的红军小队，便提前埋伏在有利地点架好机枪。这支9人的红军小队，由一名熟悉路途的战士走在最前面，父亲是领队押后。当他们一进入伏击点，敌人的机枪即疯狂地扫射过来，父亲在紧急中迅速跳下深达百米布满荆棘的山崖，借助荆棘树杈的缓冲，连续跃过几个陡峭的山谷，凭借深谷密林的掩护才突出重围。脱险后，父亲在事先约定的宿营点附近等了一天，无人归来，他只好独自一人返回部队。后来从国民党军的布告和报纸上才知道：这场遭遇战当场牺牲了7名红军战士，损失驳壳枪5支，没有俘虏。那位失踪的红军战士，或许因受伤摔下了深谷，或许在冒险跳崖时遭遇不测，此后再也没有音讯，很可能牺牲在深谷丛林中无人知晓……

回营地报告后，部队首长认为父亲对这次重大损失应负领导责任。首先是没有按照规定的时间行军，没有在天亮前或天黑后趁夜色行军，以避免与敌军相遇。其次行军时没按规定派一两名前哨先行，遇突发情况时不能及时报警。那时红军游击队正处在被“围剿”被封锁的艰难时期，人员和武器都是极宝贵的资源，8名战士的牺牲、失踪和6支驳壳枪的丢失，对皖浙赣游击队无疑是一巨大损失。父亲因此受到严厉处分：撤销武装交通连指导员的职务，开除党籍，关禁闭9天。不久，父亲因那次任务失败而没接到的皖赣独立师师长匡龙海牺牲在赣皖边境，消息传来，父亲也因此被降为伙夫、司务长。这次处分，对父亲造成了终身的负面影响和遗憾，此后他再也没有了亲自领兵打仗的机会。1938年国共合作，南方红军游击队在景德镇瑶里整编时，父亲只能作为普通战士编入新四军一支队二团三营，在营部任管理员，并重新入党。此时，比他晚一年参加红军的饶守坤（1955年被授予中将军衔）已是新四军三支队五团的团长了；比他晚四年参加红军的倪南山（1955年被授予少将军衔），整编后担任了新四军军部军法处典狱长。父亲当年心中的失落感可以想象。

少年时，我曾因好奇懵懵懂懂地问过父亲：当时战斗激不激烈？没想到父亲勃然大怒："你懂个屁！"

1975年作者从部队回家探亲，与父亲郑占魁的最后一张合影（郑建　提供）

成年后，我才逐渐理解了父亲当年的震怒——那是父亲心中抹不去的忌讳和隐痛。在突发的遭遇战中，双方军事力量的悬殊根本无法抗击，目睹众多战友瞬间倒下，他只能拼死突围。好不容易虎口脱险归队后，又遭受严重处分。这段不堪回首的伤心事，父亲在世时我们不敢触碰，后来还是听母亲说起父亲的往事时，才知道当年一些细节。母亲说："你爸爸当时碰到的那种情况，毛瑟短枪对长枪、机关枪，形如徒手相搏，刚进伏击点就遭到猛烈扫射，他们面对的是一场血腥杀戮，根本来不及反击。"

父亲因此段"历史疑案"被造反派纠缠揪斗不休，直到1968年底，父亲当年在皖赣边区游击队的老战友——时任江西省军区副司令的倪南山被派到上饶地区任革委会主任，听说了此事，立即给父亲出具证明：这事当年组织上是下了结论给了处分的，郑占魁的这段历史没问题。造反派才算罢休。

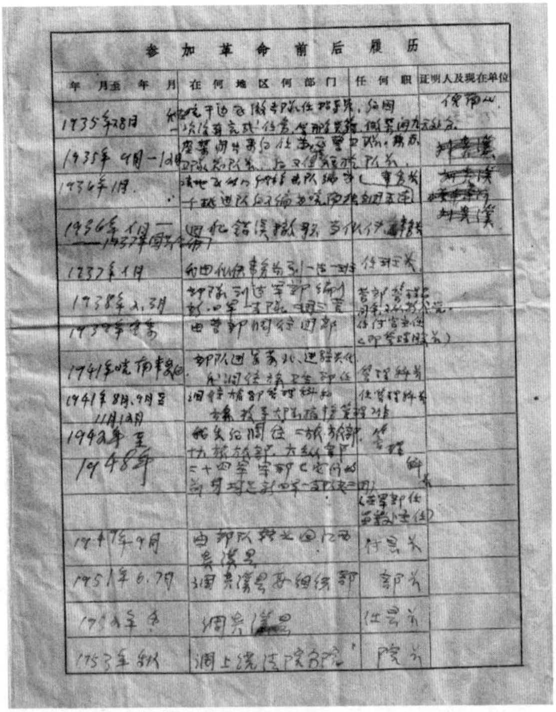
参加革命前后履历

年月至年月	在何地区何部门	任何职	证明人及现在单位

父亲的履历表

图中第一行文字：1935年7、8月，我在皖干（赣）边区游击队任指导员，后因一次没有完成任务等，开除党籍，坐禁闭九天。证明人：倪南山。

第四行文字：1936年至1937年，因犯错误撤职当伙夫、事务长。

倪南山是安徽东至人，领导过农民起义，1935年参加红军，曾在皖赣边区婺源鄣公山一带打游击多年，和父亲同在皖赣边区游击队相处数年，关系甚佳。当年倪南山的父亲病重急需用钱，而倪南山没钱，父亲便送了几块大洋给他救急。倪南山对上饶老区一直很有感情，“文革”中顶着压力保护并解救了一些老干部。后来父亲被勒令下放，母亲让他去找下倪司令，倔强的父亲就是不肯去。

1970年我们家下放到万年，本已准备病休的父亲被安排在县印刷厂当保管员，虽年老体衰，但他认真工作，还被评为先进工作者。直到1974年才平反回饶。不幸在两年后便因病去世了。

奖状

郑占魁同志在一九七二年度，努力读馬列的書、毛主席著作，积极参加批修整风运动，不断地提高阶級斗爭、路綫斗爭和繼續革命的覺悟，在社会主义劳动中作出了优异成績，荣获先进生产（工作）者称号，特发此状，以資鼓励。

江西省万年县印刷厂

一九七三年二月

郑占魁“先进工作者”奖状

父亲怕死吗？不怕。他生前常说：“子弹长了眼睛，专找胆小的打。”当年父亲如果不是反应快、急中生智地舍命一跳，倒下的也许就是8位红军烈士了。

父亲是胆小的人吗？不是。那次虎口脱险后，他义无反顾地返回游击队营地，哪怕从连职降为普通战士，被关禁闭，当伙夫，也丝毫没有动摇和退缩。战争期间父亲参加过大大小小多次战斗，两次负伤，严重损坏了他的健康，全国解放后他被评为三等甲级革命残废军人。1949年9月，父亲从三野二十四军（驻上海）留守处主任的任上转业到贵溪县任副县长，当时贵溪县土匪肆虐，父亲曾独自一人深入虎穴，到土匪窝中与土匪头子谈判。在清剿土匪的战斗中血染衣衫。他的早逝，与枪伤后遗症和终生的郁积也有一定关系。作为二十四军当年熟谙军史的重要人物，在他逝世后，二十四军还派人前来找他了解当年军史。

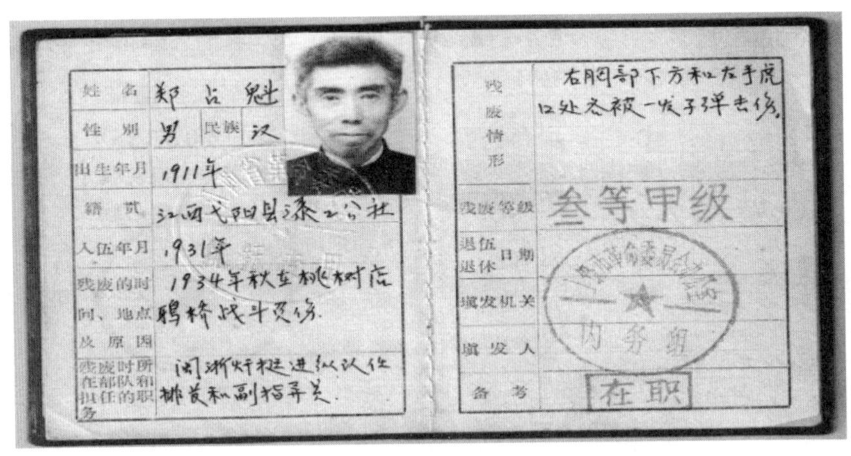

姓名	郑占魁		
性别	男	民族	汉
出生年月	1911年		
籍贯	江西弋阳县漆工公社		
入伍年月	1931年		
残废的时间、地点及原因	1934年秋在桃树店鹅桥战斗负伤		
残废时所在部队和担任的职务	闽浙赣挺进纵队任排长和副指导员		

残废情形	右胸部下方和左手虎口处各被一发子弹击伤
残废等级	叁等甲级
退伍退休日期	
填发机关	内务组
填发人	
备考	在职

郑占魁伤残证

父亲的战斗历程中有过失误，但绝非贪生怕死的人，历史证明他是机智勇敢、无畏无惧的战士。他的历史“疑案”不是疑案，他的脱险是绝境中突围的侥幸，是向死而生的绝处逢生。

郑占魁照片

三、母亲的“无为而治”

母亲是抗日干部，“文革”前在上饶算是级别较高的女干部。1966年以前，母亲一直在地区妇联做妇女工作，1970年下放到万年县卫生局任局长，1974年调任上饶地区人民医院任书记。母亲没学过医，为此她曾向组织上提出不宜到医院任职的请求，但没有获准，她还是服从组织安排走马上任了。母亲知道自己是医学门外汉，在医院工作期间从不专权乱指挥、瞎指挥。所有与业务有关的事务，她充分尊重懂业务的院长和老专家们的意见，全力支持。她非常爱护专业人才，让他们放手工作，同时不厌其烦地帮他们解决工作和生活上的各种困难。

那几年父亲的病情已日益加重，母亲在照顾父亲的同时，又要努力协调各方面的工作，个中辛苦可想而知。她虽然不插手具体业务，但并没待在办公室里享清福，而是深入各科室。为加强医院的建设，她一次次跑有关部门找上级领导，解决工作、建设经费问题。那时经常会停水停电，洗衣房工作不能正常运转，她及时组织带领后勤部的职工们下河去洗床单被罩，保证了住院部每日更换床单被罩的需要，受到群众的赞扬与敬重。当然也有个别说风凉话的，嘲笑她“无能”，说她当个书记只会洗药瓶和床单被罩。他们哪里懂得一个老共产党员深入基层与群众打成一片，事事亲力亲为，正是我党的优良传统。

但母亲在医院任职时也不是啥事都不管，有一种事她是一定会管的。有些贫穷的急诊患者因没钱或钱不够，不能及时办理入院手续进行手术治疗，四处求告无门，那种无奈的焦虑和绝望，让人看到虽然同情，可医院有医院的规矩，明文规定不交费不得入院。这时有些热心好事的收费人，便出主意叫病人家属“去找张书记”。遇到这种紧急情况，善良的母亲总是说“救人要紧”，会批准病患先入院手术，再筹款交费，实在困难的，就酌情减免。如此，多次使一些穷困患者及时获救。但事后也常会有些逃费的事情发生，医院的利益因此遭受损失。所以批准这种事往往是个“两难”的选择，要么见死不救，拒病人于医院大门之外，保证医院利益不受损失；要么救死扶伤、悬壶济世，但医院的利益有可能会受到损失。母亲因这事也遭到过某些人的非议，说她是“慷国家之慨，自己做好人”。我甚至一度也不理解母亲，认为应该遵守规定，不能让国家利益蒙受损失。但在这次新冠疫情中，看到国家不惜一切代价抢救百姓的生命，这种生命至上、急百姓之所急，不就是母亲当年的善行大爱吗?

母亲任书记时的“管”与“不管”，其实正是那一代老共产党人“无为而治”的理政智慧。1949年中国共产党成为执政党开始管理国家时，正是依靠了各行业的专业技术人才管理天下。母亲的“不管”，是她敬畏专业技术，尊重专业人员，不瞎指挥；母亲的“管”，是她牢记共产党全心全意为人民的宗旨，这正是他们那一代共产党人崇高无上的道德风范。

2014年，父亲的墓旁又多了一冢，母亲来到父亲的身边，从此两老永不分离。母亲还是那骑马的人，父亲还是那牵马的人。看着那些老照片，我常常思念起我的父亲母亲。

父爱似山，母爱如河。

郑占魁夫妻与长子、幼女（摄于20世纪60年代初）

（作者简介：郑建，南昌市公安交通管理局原科长）

上饶击落 U–2 型高空侦察机的往事

徐协国

2017年7月，东方卫视热播过一部军旅电视剧《绝密543》。该剧是以1959年国民党 U–2高空侦察机被中国人民解放军击落为背景，讲述了空军地空导弹部队“英雄二营”克服重重困难，保护新中国领空的故事。

本篇文章就跟大家讲讲当年怎么在上饶打下一架 U–2敌机的故事。

U–2高空侦察机绰号“黑寡妇”，可在7万英尺的高空飞行、照相、使用雷达侦察及截听通信。它是一种单座单发长航时高空战略侦察机，1955年试飞，1956年开始装备部队，主要类别 A、B、C、D、R、S 型。目前，美国空军装备的为 R、S 型。乘员1人，装备 J75–P–13B 涡喷式发动机，1X7714公斤推力。翼展31.39米，机长19.13，机高4.88米，最大时速692公里，巡航速度692公里小时。爬升率25.5米秒，实用升限2.1万米，最大起飞重量18597公斤，作战半径2800公里，最大航程8000公里，继航时间12小时。能够携带各类传感器和照相设备，对侦察区域实施连续不断的高空全天候区域监视。

U–2型飞机是美国情报机关使用的高空侦察机，适宜于2万多米的高空飞行，最大时速1000公里，巡航时速800公里，最大航径7000公里，续航时间长达8.9小时，航空照相可摄取大面积地幅的目标，装有先进的电子侦察设备。1960年，国民党空军接收 U–2飞机后即把赌注压在 U–2上。挑选飞行技术好，飞行时间在2000小时以上，具有空中侦察经验的人员担任飞行员。经过1年多时间的训练和准备，于1962年1月23日开始进入大陆侦察。该飞机的行动，受美国情报机构控制。1962年，国民党空军配合台湾当局所谓“反攻大陆”的喧嚣，加紧对大陆的侦察活动。仅6个月就出动U-2飞机11架次，活动范围遍及大陆新疆、西藏之外的广大地区。但是不再来北京，怎么办？960万平方公里2万米以上的领空，只有3个营的地空导弹兵力把守，而每个营的拦截面积只有20 ~ 30公里。而U-2可以满天飞。

U-2型高空侦察机

国民党空军侦察大陆的U-2飞机1962年9月在江西南昌首次被击落后，机上加装了反地空导弹的电子警戒设备，借此曾数次逃脱了打击。人民解放军地空导弹部队总结经验教训，研究出一套对付敌机侦测和机动规避的措施，创造了新的战法。

从1963年1月至9月，U-2飞机17次进入大陆的情况分析，其中有6次经过浙江、江西交界的衢州、江山、弋阳、上饶一带。据此，空军决定将地空导弹部队调至这一带机动作战。同时，中央军委聂荣臻副主席指示：“将4个营统一部署，组成大面积有机结合的火网。”于是，把3个地空导弹营从西安和北京机动到上述地区作战，由原南京军区空军和第3训练基地组成集群指挥部，实施统一指挥。各营经过紧张行军，于10月29日先后进入阵地，构成从弋阳到衢州160公里的拦截正面。

为了组织这次作战行动，空军副司令员成钧于10月29日随部队一起到达设伏地点。他在检查各营战斗准备时，发现有上述工作尚未就绪，即于11月1日主持召开各营营长、政委会议，进一步明确作战指导思想，督促落实“近快战法”。会议开始不久接到报告：台湾出动1架U-2飞机，7时43分从温州进入大陆，随后沿衢州以东地空导弹部队的外侧，向西北方向飞行。当时分析，这架U-2飞机很可能是到西北地区侦察的，回航时还可能经过设伏地区。为不暴露部署，成钧决定各营兵器做好伪装，抓紧准备，歼灭回航敌机。

11时15分，该机从甘肃鼎新折返，果然由原航线返回。14时零5分，各营的目标指示雷达在200公里距离发现目标，高度2.05万米，时速750公里，14时11分过九江后，飞向地空导弹第二营阵地。集群指挥员下达命令：“二营负责消灭敌机，其他各营做好伴动和射击准备，制导雷达开天线距离压缩到37公里以内！”当U-2飞机距二营阵地61公里时，为了隐蔽雷达频率，该营先使用炮瞄雷达向制导雷达指示目标。距离60公里时，接通导弹发射架同步。但当敌机距阵地39公里，正要测定射击目标，制导雷达即将开天线时，炮瞄雷达突然丢失目标。在这紧急关头，营长岳振华当即命令改用目标指示雷达，指示目标和测定射击诸元。距离35公里时打开制导雷达天线。8秒钟内连续发射3发导弹。14时18分，这架U-2飞机被击中剧烈爆炸，残骸溅落于江西广丰县万罗山附近，国民党空军少校飞行员叶常棣跳伞被擒。

叶常棣曾两度获国民党空军“克难英雄”称号，这是第三次驾驶U-2飞机进入大陆侦察，当记者问他被击落的情景时，他说：“当我飞到上饶附近时已经看到海岸，心想已完成任务，正准备出海降低高度下滑着陆，突然听到‘轰’的一声巨响，自己被甩出飞机，失去知觉，醒来后才拉降落伞，估计在空中飘了两三分钟，落到了地面……”

这次战斗是地空导弹部队第二次击落U-2飞机。胜利的喜讯立即传到了北京，中共中央书记处书记彭真代表中共中央向作战部队表示祝贺，并致以慰问。聂荣臻元帅指示：这次作战，做到了战术和技术的密切结合，要好好总结经验。

反映在上饶击落U-2型敌机的漫画

地空导弹第二营营长岳振华，原系高射炮兵团长，担任营长5年来，领导全营指战员苦练技术，钻研战术，作战指挥机智果断，勇于负责，连续击落国民党空军高空侦察机3架，表现出良好的政治、军事素质和指挥艺术。1963年12月26日国防部授予岳振华“空军战斗英雄”荣誉称号，1964年6月6日国防部授予第二营以“英雄营”的荣誉称号。中国总共击落5架U-2，二营击落了3架，中国是打下U-2飞机最多的国家，岳振华的二营是世界上打下U-2飞机最多的导弹营。照奖励的惯例，在上饶击落敌机后，上校岳振华变成了大校。岳振华成为全军军衔晋升最快的军官。

岳振华像

据上饶市档案馆馆藏《上饶地区志》大事记记载：

1963年11月1日，中国人民解放军空军导弹二营在江西上饶市与广丰县接壤处——三条岗上空，击落台湾国民党美制U-2高空侦察机1架，活捉飞行员叶常棣。次日，国防部副部长、中国人民解放军空军司令员刘亚楼上将，在上饶市人委会礼堂，主持召开祝捷授奖大会。中将成钧、王辉球、聂凤智、余立金和地、市党政负责人参加了大会。

听说在上饶击落了U-2型敌机，上饶的民歌奶奶姚金娜（那时叫民歌大姐忍不住）编唱了一首歌：

U-2飞机往下掉

上饶市东市公社民歌手姚金娜编唱

美国佬，真可恼，
霸占我国台湾岛，
派出飞贼和特务，
想到大陆来骚扰。
自认U-2飞机是法宝，
别的国家不会造，
飞得高来不好打，
自由自在瞎乱跑。
人民空军本领高，
军事技术来得好，
祖国领空严守街，
提高警惕防敌扰。
U-2飞机一来到，
样样家伙准备好，
打得敌机翻跟斗，
身上冒烟往下掉。
美国佬你别骄傲，
你的法宝垮台了，
随你怎样玩花招，
我们都能消灭掉。

从1959年9月至1967年9月，国民党空军的RB-57D、U-2高空侦察机共进入大陆侦察129架次，被击落6架。其中U-2飞机进入大陆110架次，被击落5架，生俘飞行员2名。从1968年起，国民党空军被迫停止派遣U-2高空侦察机进入大陆纵深活动。

被击落的U-2型飞机残骸

（作者简介：徐协国，上饶市档案局原调研员）

上饶国营工业的一颗璀璨明珠
——上饶市半导体厂创办发展历程

采访对象：邓长吉（上饶市半导体厂创始人之一）
采访组： 张 莉、龚 博、陶兴明
采访日期：2021年3月8日
采访地点：五三花苑家中

采访组：邓老师，您好，上饶市半导体厂是上饶市当时非常著名的一家企业，你在当时可以说是全程参与了创办的整个过程，请您谈谈当时办厂的一个时代背景。

邓长吉：半导体厂办厂的背景，当时是全国这样一个形势，大办新兴工业，半导体是属于四机部里面的一个新的东西，我们国家在60年代初期才开始搞的。在这样一个背景之下，法国在上海举办了一个工业技术展览。为了响应国家大办工业的号召，省厅组织了一个参观团去参观展览，上饶定了三个人，我是其中一个，到上海去参观法国工业技术展览。参观了以后，我们到上海去参观了一些厂，后又到了南京、济南等地参观。回到上饶后，我写了个汇报资料，提了初步的建议，当时我是提议建上饶半导体研究所，地址选在计量所的隔壁。后来，就出现了一些问题，因为出钱是要西市公社出的，但有的人主张办，有的人不主张办。我就说要不要办，要看国家是否需要，国家需要，我们就办；不需要，我们就不办。刚好四机部当时正在召开全国计划工作会议，我说到那个会上去看一下，如果会上认为国家有需要，我们

就办；如果认为没有需要，我们就不办。

采访组： 当时你们去会上的情况是怎样的？

邓长吉： 那年就派了三个人去，一个是西市公社的姓夏的副社长，还有科委的一个姓涂的干部，加上我一个，最后就跑到北京去了。到了北京以后我们就赶到北京的会场去了，那天很巧，在会上刚好碰到四机部计划处的一个处长，是个女同志。我们就把整个情况向她作了汇报，她就问我们定的项目是什么？我说我们选择开发一个硅平面二极管方向，结果那个处长一听我们江西要搞硅平面工艺，马上就高兴了来劲了，就说“好！好！”因为那个时候江西南昌有一个半导体厂，景德镇有一个36半导体厂，他们的工艺是合金工艺，我们做硅平面工艺。当时硅平面工艺是世界上最先进的，现在的大规模集成电路用的都是硅平面工艺。当时那位女处长很高兴，就说给我们安排计划，我们听了也很高兴，把这个情况回来一汇报，领导就拍板办厂。

采访组： 领导同意办厂后，你们主要遇到了哪些困难？你们是如何克服这些困难的？工厂开办后，在招工上是如何进行的？

邓长吉： 要办厂就要马上打报告，把厂子的牌子挂起来。办厂的地方就选在金龙岗计量所的旁边，但钱怎么办呢？当时的西市公社拿了57000块钱，可是这些钱买一台机器都不够。我们办厂有一种机器是必须有的，叫真空镀膜机，就是在半导体芯片上镀一层金属的底膜，光这一台机器就要6万多块钱，还有扩散炉，一台要1万多块钱，起码要2台。结果没办法就是找资料，咬紧牙关，最后就决定这两台机器我们自己做。我到上海一些厂家进行了摸底，仔细了解这种机器的结构和原理，回来以后就根据我们已有的条件画出了设计图，通过这样来解决资金问题。关键问题解决了，其他就比较好办一点。另处一个问题就是招人，当时主要是招了几个小学代课老师，还有一个西市公社的职工，招人以后马上就送到上海无线电十七厂定点进行培训，当时招了6个人，加上我一共是7个人，后来又招了一个保管。经过一年试制产品，就开始向国家供货，再下去就公开招工了。

采访组： 上饶市半导体厂的创办充满了艰辛，这其中给你留下最深的体会是什么？

邓长吉：我的第一个体会就是自己搞图纸画设计图，自己画图纸、自己造设备，自己拿到外面加工，加工以后自己安装，许多问题都是靠自力更生来解决；第二个体会就是大家确实表现不错。当时才十几块钱工资，好像是18块钱还是24块钱，我对工作的要求很高、要求很严，整个试制试验的过程中真是不分日夜的，基本上是天天忙到晚上九十点钟，我们七个人中只有两个男的，其他都是女的，晚上往往我还要送她们回家，注意安全嘛！所以这些人的奉献精神确实是很可敬的，因此办厂后一年时间就开始向国家供货。后来厂子渐渐发展了，就考虑搬迁到别的地方去了。

上饶市半导体厂职工合影

采访对象：林秉济（上饶市发展改革委员会主任岗位退休，曾任上饶市半导体厂副厂长）

采访组： 龚 博、陶兴明

采访日期：2021年3月8日

采访地点：五三花苑家中

采访组：林主任您好，上饶市半导体厂在20世纪60年代末创办后，生产的主要产品是什么，用的什么工艺，在当时处于怎样的一个生产水平？

林秉济：在20世纪60年代，国家有一个战略就是振兴工业、振兴电子工业，这个电子工业按照国家规定当时是归四机部管，四机部主要就是管卫星、导弹，按照现在讲叫IT产业。半导体厂创办后，做了一个辉煌的贡献，就是“东方红”卫星上有半导体厂生产的二极管，我们国家的第一颗卫星上有我们上饶市半导体厂生产的二极管。我们生产的产品基本上就是每月把产品装进一个小木盒拿到邮电局寄走，我们生产上用的银子、金子全部是银行特批的，含金量是99.99%。现在讲的跟西方正在角夺的光刻机，我们当时就是用光刻机生产二极管、三极管、集成电路块的，如果当年我们国家一直重视这项工作，今天我们在这方面就不会比美国差，甚至比它强。为什么这样讲呢？当年大办半导体的时候，光上饶地区16个县，每个县都有半导体厂，我们上饶市半导体叫“上半”，是搞得最好的。当时江西省有三个半导体行业，一个是南昌第二无线电厂，一个是景德镇36厂，一个是上饶市半导体厂。每年上半年的订货会，四机部一召集，我们就去了。当时是计划分配的，没有市场这一套，是归口的，我们生产的产品，因为它的保密性，外界是不知道的，现在讲的所谓IT产品，它就是我们的产品延伸出来的。当时我们跟日本TTK公司的竞争都很激烈，我们不亚于他们，日本现在走得多快，当时我们的几个厂，像磁性材料厂，是我们这个行业的，当时他生产的早期的是喇叭磁缸，后来就是合金磁缸，再后来就锰铁磁缸。喇叭磁缸大家好理解，就后面贴扬体，一个圆圆的，电视机后面就是一个U形的是合金磁缸，当时全国不多。后来我们生产的锰铁硼磁缸，那时在全国都是顶尖的，现在全世界还是在用锰铁硼磁缸，现在搞磁疗的那个磁性很强的，现在汽车那个升降玻璃还是用锰铁硼磁缸，就微型电脑里面有电机的都是靠锰铁硼。到目前为止，没有超过它的。所以上饶市半导体厂当时的技术水平是尖端的，它不是做冲压件，也不是做仪表件，而是做整个PNG，用光刻机、真空机把线路板压下去，然后通过腐蚀连成片，最后形成大型的电路块。

采访组：上饶市半导体厂在当时的科技水平应该是很高的，当时厂里工人的文化水平是一种什么样的状况？

厂内军事训练照片

林秉济：上饶市半导体厂是1969年建厂的，1970年就为东方红卫星提供了二极管。我是1971年进厂的，当时在厂里分管生产，那时叫厂革委会，我是副主任，现在叫副厂长。可以说它涉及整个科学里面都是微电子学，微电子学就是现在好多年轻人他都不一定懂，可以这么说吧，在整个电子学里面，这个微电子学是最尖端的了，我们当时进来的大学生，我们总共才100来号人，“文革”前的大学生就有30多个，正牌大学生、全是物理学方面的大学生。当时我们对面的学校上饶市四中，一些教物理的老师也想到我们厂来工作。为保证这个厂的国防工业的属性，对厂里职工政治上的审查很严格，共产党员当时超过50个，100来号人，退伍军人招了70来个，平均年龄23岁，大的有40多岁，50岁的不多。抗战时期的18级干部在车间当主任，因为“文化大革命”被打倒的，最高的七级干部在这里当保管员，所以可以说干部子弟在这里占了将近四分之一；郊区来的，都是属于贫下中农的子弟，为了保持这个厂里的保密性，政治上要求绝对可靠。当时的文化水平，整个工业系统，上饶市半导体厂的文化水平最高，老高中、老大学多得很，像我这个文化水平还是低档的，小学文化水平的就进去做半导体里面最简单的一个工艺。

采访组：林主任，请你谈谈半导体厂处于辉煌时期的情况是怎样的？后来又是如何慢慢走向衰落的？这其中带给你什么样的启示呢？

林秉济：这个厂的辉煌期在70年代创厂还是比较初期的，1970年底至1971年就到了高峰期，这个高峰期表现在哪里呢？上饶市老市委大楼，当时“文革”的时候建立的市委大楼，就是从现在的国际和平酒店前的马路到民德路这整个区域都是属于半导体厂的，现在的国际和平酒店位置就是原来半导体厂的四车间，它后面的旧房子是半导体厂的家属楼，就是厂里的职工宿舍。半导体厂的这边现在军分区休干所马路的东侧全部是属于半导体厂，市委为了发展工业，把整栋行政办公大楼全部拿出来办工业，这栋大楼是三层半，下面三层是宽的，跨度有100多米，中间有一个大会议室，会议室可以容纳三四百号人。当时整个上饶市经委直属系统有18个国营企业，2个地属下放企业（一个是水动力，一个是赣东北无线电厂），半导体厂在

厂办女子篮球队合影

其中还是首屈一指的。你想这100多号人，我就讲这一个概念你就懂的，半导体厂是有独立篮球队的，整个工业队，每个车间都可以举行篮球赛，每个车间都有文艺演出队。半导体厂的厂长起码是局级，比如它的第一任厂长是卫生局局长去兼任的，大部分是局级干部到厂里来当厂长的。“文化大革命”时期机构是不一样的，部委办是要到副县级的，部委办、工青妇是副县级的，所以当时到局这一级还在部下面，那么局下面还可以管到公社，所以局级干部来当厂长是一个接一个，所以国营工业的企业厂长一般开会是要高半格的。可以说半导体厂曾经是上饶国营工业的一颗明珠，它有给上饶争光的历史。这个厂到体制改革的时候就差不多不行了，准确地讲是1977年以后，它基本就慢慢走向衰退了，这其中也有一些历史的原因。上饶地区16个县市的半导体厂最后就只剩下上饶市半导体厂和景德镇市的36厂，当时还勉强挣扎，一直维持到了80年代。我个人认为上饶市现在要振兴工业，就要把我们历史上曾经有过的工业、传统工业、电子工业、机械行业的辉煌历史了解清楚，以便更好地促进我们现在工业园区的高科技、大数据这些新兴工业的发展。

追忆上饶客车厂难忘的故事

陈成之

今年，是上饶客车厂建厂50周年。我有幸在1982年至1998年期间任厂长，1996年后任党委书记。回顾那段激情燃烧的岁月，回忆几件难忘的往事，献给上饶客车50周年厂庆。

故事一：上饶客车创新技术引领全国，得到国家权威管理部门的充分肯定，创新成果向全国汽车行业推广。

中汽公司后置发动机客车技术研讨会

20世纪80年代初，我国公路上行驶的客车都是长头老款式的发动机前置客车，且用原货车底盘改装而成，发动机功率小，前后轴负荷不均衡，运行不稳定，速度只有每小时50公里，很难满足市场的需求。为改变客车产品落后的现状，上饶客车人以历史责任感和创新创业精神，设计制造东风系列新型客车，来满足市场的需求和人们出行快捷舒适的需要。上饶客车厂采取领导干部、技术人员和生产工人三结合的方法，集思广益设计方案，研究改进制造工艺，经过100多个日夜的奋战，攻破了客车整体结构、发动机布置和散热等技术难关，终于研制成功我国全新的发动机后置式客车。

客车采用国际最先进的方基调小圆角造型，新颖时尚，让人看了眼睛一亮。客车底盘采用上饶自行设计的后置式结构，我国最先进的东风EQ140发动机，让客车前后轴负荷分布为前轴1/3后轴2/3的合理状态，运行平稳舒适，时速超80公里，并因发动机后置、乘客门前置，车内空间增大，宽敞明亮，乘客座位合理，通道流畅，极大地改善了驾驶条件，并为实行无人售票创造了条件。值得一提的是老技师丁祝良为新型后置式客车的研制做出了重大贡献。

新型客车投放市场受到客户青睐，订单不断。上饶客车厂通过技改加大工艺和工装的投入，提高产品质量水平和生产能力，全国各地的客户纷纷抢购上饶客车。

上饶客车在市场上的优势充分显现，引起中国汽车主管部门中汽总公司的重视，经过几年的观察、认证，充分肯定上饶后置式客车的创新成果。1986年夏，中汽总公司科技部部长何春阳来上饶主持“全国后置式客车技术研讨会”，中国一汽、二汽等骨干汽车厂和全国几十家改装厂、客车企业代表云集上饶，听取我厂作的主旨发言，参观上饶后置车生产线，向全国推广上饶后置式技术。

与会专家和代表很惊讶：客车的先进技术竟诞生在名不见经传的上饶客车厂，敬佩和肯定上饶客车的创新精神和新技术研发成果，何春阳部长感慨上饶后置车是“山沟里飞出了金凤凰”。上饶客车厂是当之无愧的中国后置式客车的开山鼻祖。从此，全国加速研制投放后置式大客车，中国汽车史上揭开了浓墨重彩的新华章。

故事二：强化宣传，提升上饶客车知名度，“中国上饶”制造风靡神州受青睐。

上饶客车工厂厂门

上饶客车以其先进的技术、优良的品质、美观时尚的造型，风靡神州大地，在全国各地都能看到“中国上饶”客车美丽的身影。

1985年，上饶后置式客车批量生产。为扩大影响，上饶客车上央视屏幕，登《人民画报》，这是汽车行业最先把广告做到国家级媒体的客车品牌。厂宣传科科长楼登峰赴京找中央电视台拍摄上饶客车电视广告，请北京广播学院教授策划，陪摄像组去北戴河、山海关拍外景，剪辑制作30秒的电视广告在央视播出一周，各地的电报订单如雪片飘来，反响强烈，极大地提升了上饶客车的知名度。

强化品牌还有个小故事：上饶客车的车身上原来是用拼音字母做标识的。1986年夏，甘肃电视台来上饶拍摄《这里有泉水》电视剧，当时在上海戏剧学院读书的影星陈红首次拍戏。剧情需要客车做道具，要借两辆上饶客车。为了从电视剧中一眼就能看出上饶客车，提高知名度，我们请著名书法家写了“中国上饶”四个字喷在车身上，字体刚劲有力、洒脱显眼。从此，“中国上饶”成为上饶客车的品牌标识，“上饶牌”成功注册为商标。

“中国上饶”大客车在北京、武汉、天津等大城市广受欢迎。在北京，上饶客车被国家机械工业部、中国人民银行等中央20多个部委、北京供电局等几十个企事业单位选为机关通勤和接待用车。看到数百辆上饶客车奔驰在首都大道和天安门广场，作为江西人特别是上饶人感到由衷的骄傲和自豪。

在中原重镇武汉，上饶客车十分受宠。湖北有武汉客车厂，但武汉人更喜欢上饶客车，几百辆上饶客车在武汉三镇奔驰。天津人民对上饶客车十分地钟爱，甚至当作高级客车的代名词，许多司机以开上饶“大轿”为自豪。在全国各地都有上饶客车的身影。有一次上饶人到新疆天池旅游，乘坐的正是上饶客车，他告诉旅伴这就是我家乡制造的，感到十分有面子。

上饶客车还受到人民解放军的信赖，连续多年被原总后勤部采购分配各部队师以上单位使用，其优良的品质受到人民子弟兵的一致好评。

故事三：上饶客车为上饶、江西争了光，成为一张亮丽的上饶名片。

上饶客车以创新的设计和优良的品质吸引了各地用户，客户对我们说，没想到上饶能够生产这么好的客车。

上饶客车行驶中

东风汽车联营公司在几十家联营企业中，首选上饶客车为公司总部接待车，提升了上饶客车的品牌影响力。

省经贸委领导对我讲了他一次亲身经历：国家经贸委在黑龙江省哈尔滨市召开各省市经贸工作会议时，某省一位经委领导问他，你们江西有什么产品在全国拿得出手？他一时不知如何作答，有点尴尬。后来，会议组织参观乘坐大客车，竟然是漂亮豪华的“中国上饶”客车。外省的同志带有歉意地说:“江西还是有好产品的,上饶客车就很不错!”

1990年9月在北京举行第11届亚运会,这是我国举办的第一次国际体育大赛,有37个国家和地区的体育代表团六千多人参加。国家非常重视这次亚运会,这是向世界展示和宣传改革开放后中国的极好机会,要求一定要办成一个高质量、高水平的亚运会。挑选亚运会期间教练员和运动员乘坐的车辆是一项非常重要的任务。北京亚运组委会从我国众多的客车产品中选中上饶客车作为亚运会用车。这是国家对上饶客车高度的肯定和信赖。上饶客车厂派出了20个熟练的驾驶员开着20辆上饶客车在北京为亚运会服务了半个多月。漂亮、舒适的上饶客车受到各国教练员和运动员的好评,驾驶员的优质服务受到教练和运动员的赞赏。同时上饶客车厂受到了组委会的表彰。从此上饶客车在全国的知名度和美誉度更上了一个新的台阶,在国际上也有了一定的影响。

上饶客车支援亚运

外国运动员乘坐上饶客车

故事四：上饶客车在我国第一个批量出口海外市场，实现客车出口创汇“零”突破。

上饶客车运销菲律宾

20世纪80年代，中国汽车制造业相对于发达国家还很弱小，在国际上很难被认可，上饶客车却率先出口海外，填补了我国汽车工业整车出口的空白，为国争光。

开拓国际市场，需要优质的产品和信誉，东风汽车联营公司首先力推上饶客车，认为上饶客车最有竞争力，最有可能打开国际市场。在智利首都圣地亚哥世界汽车博览会上，上饶客车首次亮相就受到与会者的称赞和肯定。此后，上饶客车相继向智利、秘鲁、多米尼加等南美洲国家，马里等非洲国家，俄罗斯、塔吉克斯坦、哈萨克斯坦等中欧国家出口，或联合办厂CKD组装。并且，作为国家的外销产品，上饶客车批量出口菲律宾，成为首都马尼拉大街一道亮丽的风景线。

故事五：上饶客车厂成为上饶国企第一利税大户，为上饶经济做出重大贡献。

20世纪八九十年代，上饶客车厂作为全区工业企业的排头兵，经济效益逐年增长，上缴的利税居全区企业之首，为上饶的经济发展做出了重大贡献，连续多年受到地委、行署的表彰。1992年全区第一个销售超亿元、利税超千万的企业，获省级“四好企业”荣誉称号；销售收入在全国客车行业排名前三位。1994年上饶客车厂获得“全国五一劳动奖状”，我本人也获得“全国五一劳动奖章”，当选全国人大代表，企业被评为国家二级企业。

上饶客车厂接受地委、行署的表彰

故事六：企业物质文明和文化建设齐头并进，员工收入与福利同步提升。

随着生产经营和效益的提升，职工工资奖金收入也逐年提高，在全区企业名列前茅；福利待遇超过了机关事业单位，职工很有自豪感、获得感。

上饶客车厂所办刊物（陈成之提供）

企业处处为员工着想。在全市，上饶客车厂办起了第一家液化气站，拥有第一个卫星闭路电视系统，优先建新房改旧房，改善职工居住条件。有一次，上海客人走进我厂一家普通职工家里，感叹道，你们能住这么好的房子，我们上海人想都不敢想！为扩大职工家属子女就业，办起了职工技校、子弟中学、校办工厂，让子女优先就读、就业；开办劳动服务公司、汽车附件厂等集体企业，让家属们广泛就业，为上饶客车和社会厂家提供配套服务，也增加了员工家庭收入。

企业文化建设成就斐然。在全市最先经审批办《饶客报》社、有线电视台和广播站，让党的方针政策、企业新闻、好人好事及时得到宣传报道。加强对外新闻宣传、在国家省市级媒体发布新闻报道，扩大企业社会影响力。“主人翁精神闪光赛”吸引了职工群众积极参与，提升“以厂为家”的责任感和“厂兴我荣、厂衰我耻”的荣誉感，增强企业凝聚力、创造力和原动力。不断推进两个文明建设，逐步创立起“饶客”企业文化，企业被授予“全国思想政治工作先进单位”“全国先进工会”等称号。

故事七：中央省市领导关心、支持、助力上饶汽车工业发展。

多年来，上饶客车厂得到各级党政领导的重视、关心和支持，促进了上饶客车的快速发展。

时任江西省委书记毛致用、万绍芬，时任省长吴官正、舒圣佑等领导先后来厂调研，鼓励上饶客车厂干部职工加油干，打造全国名牌产品。吴官正调任山东省委书记后，还要求山东某客车厂向上饶学习；国家机械工业部部长何光远、中汽总公司领导多次参观上饶客车厂时，充分肯定了企业的创新精神和取得的成绩；国务院原副总理田纪云来上饶客车厂，对工厂的蓬勃发展感到高兴，签名留念；曾任中共中央副主席的汪东兴同志视察上饶客车厂，为家乡的客车风靡全国由衷赞赏，欣然命笔赠言。

在各级领导的关心鼓励下，上饶客车厂干部职工发扬“团结、求实、创新、进取”的企业精神，一路前行，上饶客车创下了“江西省优质产品”“机械部优质产品”和“江西省著名商标”等闪亮的品牌，实现了快速增长，取得了全国客车行业销售收入前三、经济效益第一的好成绩，为中国汽车工业做出了历史性的卓越贡献。

故事八：回忆在博能集团当顾问的时光

2005年12月，我从市政府机关退休，被博能集团董事长温显来先生聘为顾问。我为博能上饶客车的发展做点力所能及的事，贡献自己的一点力量而高兴。

2006年，是博能上饶客车大发展之年，筹划两个大动作，一是“退城入园”，在上饶经济开发区建设占地365亩、面积近5万平方米、年产4000辆规模的客车新厂区。二是筹划与世界最著名的客车企业德国奔驰公司下属凯斯鲍尔客车公司合作，引进最先进的豪华客车及生产线。

我主要负责与德方商谈技术引进方面的事务。德方来华指导工作的是凯斯鲍尔客车公司总经理肯伯夫先生。60多岁的肯伯夫精力旺盛，工作认真，效率很高，体现了德国企业高管兼高级技术人员的高素质。

肯伯夫首先对新建的上饶客车厂房和生产线作了认真的调研。对生产节拍、设备配备、人员配置和培训给出了翔实的指导意见，以帮助新建的厂房和生产线能符合凯斯鲍尔客车生产的要求。

我与肯伯夫先生密切配合，得到了他的认可和信任，我很尊重他的意见和建议，尽量按他的要求去做，肯伯夫也很愿意听取我的意见和建议，因此我们成了好伙伴、好朋友。

一次工作之余，我陪他去武夷山旅游，他要与我一起合个影，说我们俩个子相差太多，他居然屈蹲双膝与我合影，留下很有意思的照片，见证了他高尚的品格和我们的友谊。

陈成之与肯伯夫

在他的指导下，上饶客车公司移植了德国全承载客车的先进技术，促进了上饶客车车体结构设计的优化，工艺得到了改进，使上饶全承载客车成为全国少有的几个最优秀的大客车之一。

2010年，温董事长审时度势，高瞻远瞩，作出进军新能源客车的重大决策，我被任命为新能源汽车项目顾问。在上饶客车全质办原主任、时任上海机动车检测中心王雍牵线下，博能与中科院下属中科申江电动汽车公司达成开发新能源客车的合作意向。受温董事长委派，我去中科申江考察合作的可行性和他们的新能源汽车研发情况，听取了有关介绍。

该公司是中科院新能源汽车的研发基地，拥有国外引进的新能源汽车方面的专家和国内培养的博士、硕士学位的中青年技术团队，可谓技术力量雄厚。两年前他们已开始研发新能源汽车，拥有新能源轿车、中型客车样车，正在做道路试验。

该公司希望找到有生产条件和能力的企业合作，以便开始小批量生产。公司领导和技术人员对新能源项目十分重视，热情高干劲足，合作意愿强烈。我向温董事长汇报了中科申江的情况，温董事长同意与中科申江合作开发新能源客车项目，亲自带队到深圳与该公司上级部门中科院深圳先进技术研究院作了考察，洽谈合作事宜，双方决定在上饶签订合作协议。

合作项目签约仪式

2010年9月1日，博能上饶客车与中国科学院在南昌隆重举行了新能源汽车合作项目签约仪式。协议签订后，中科申江立即派出一批技术人员来上饶客车公司工作，共同努力建成了整车控制开发电子实验室，专业测功机检测室，专业充电站、专业电池及新能源仓库，并对原有生产线进行改造。上饶客车公司添置了一批检验设备和工艺装备，完善了新能源客车生产的必备条件。随后，我陪同上饶客车公司新能源项目副总经理李纵怀，同行的还有负责博能方新能源项目技术工作的李剑一同到国家工信部汽车司，汇报上饶新能源项目进展情况，得到了汽车司的支持。后来在徐春江副总经理的组织下，完成了新能源汽车技术文件资料，一切准备就绪，上报国家工信部，要求派专家组来上饶进行“准入审查”。

2010年12月9日至12日，工信部专家组对上饶客车进行为期三天的现场审查，对各项工作给予高度评价，并宣布一次性通过新能源汽车准入现场审查。2011年1月，博能上饶客车正式获得国家新能源企业准入和产品准入，获得了新能源客车的生产资质，上了国家新能源汽车的产品目录。从此，博能上饶客车迎来了新的开端，迈上了新能源汽车的新征途。

（作者简介：陈成之，上饶行署原副秘书长，原上饶客车厂厂长、党委书记）

信州人民欢度国庆·1959

徐炜

我们追随一帧帧珍贵的历史照片，穿越时空，追溯到1949年的信州，共同见证信州与共和国一同成长的历程。

1949年5月3日信州城解放。渡江战役总前委把上饶作为解放全国的一个重要军事战略要地，渡江战役打响前便成立了赣东北区党委，直接隶属中共华东局。

5月11日区党委正式入驻信州城，实行军事管制，析原上饶县广平镇组建成立县级上饶市（今信州区前身）。中华人民共和国成立后，信州人民在中国共产党的领导下，经过十年的发展，生活水平得到稳步提高。

1959年10月1日，信州人民在广场举行盛况空前的万人集会，庆祝中华人民共和国成立十周年，集会后进行了盛大的游行表演。

1959年上饶市群众举行庆祝中华人民共和国成立10周年广场万人集会

集会游行队伍中的少先队员

集会游行队伍中的民间艺术表演队

集会游行队伍中的彩旗队

集会游行队伍中的铁路代表队

集会游行队伍中的鼓乐队

岁月留痕
——上饶铁路机务段

郑常勤

一座城市应有一座城市的记忆，一个单位应有一个单位的记忆，一个人应有人生历程的记忆！

——题记

近年来，每当漫步在上饶铁路新村信江明珠广场楼宇间的小道上，路过正在建设的紧挨信江明珠的万达工地，面对这一片有着现代化气息，充满城市活力的上饶市新区，这个记忆的触及点，让我思绪飞扬……觉得眼前的一切既陌生又熟悉，脑海中常会浮现我曾经相伴了三十多年的上饶机务段……

机务段蒸汽机车检修库（王冶洪　提供）

从2009年以来，随着上饶铁路地区危房和上饶市老火车站片区综合改造，上饶铁路古老的城区迎来了新的高速发展期，一座座老旧的职工住宅，上饶机务、车务、工务、水电、房建等单位的机关大楼和工厂，退出了历史舞台，旧址上一幢幢新商业和住宅高楼拔地而起。城市的迭代更新，为城市留下宝贵的记忆。

岁月留痕，19岁进机务段，成为一名机车检修工人。在计划经济时代，能在铁路这样的大型国企工作，令人羡慕。机车检修工作虽然辛苦，但十几年的检修工人的岁月，给我留下了难忘美好的记忆。

那是激情燃烧的岁月。工厂里机器轰鸣，烟雾弥漫，汽笛声声，修车时金属的碰撞声在工厂的上空回荡……我们油渍渍的工作服被汗水湿透，沾满油污的翻毛皮鞋，沉甸甸地穿在脚上，满脸漆黑。这种工作环境，拿现在的话说是噪音大空气污染严重，但在那个年代，是社会主义建设事业蒸蒸日上、艰苦奋斗光荣的象征，我们充满豪情，累并快乐着！那时流传着一句话：远处看像乞丐，走近一看是铁路工人。在劳动光荣，工人受尊敬的岁月里，穿着“油包衣”上街，我们并不感到难堪，反而有几分自豪感。

原内燃机车检修库（王治洪　提供）

工人冒着炙热的高温检修内燃机车电器部件

机车检修工艺标准高，操作程序严，检修、监督、验收标准规范，机车检修完毕后，需经班组长，车间、技术和验收科专职技术人员验收后，方能交车点火出库。

专业技术人员正在对蒸汽机车制动组工人进行技术业务考核

下图为蒸汽机车加工锻制品零部件的锻工组摩擦压力机。现在来看，机器陈旧落后，但在当时它可是一台在机车检修中发挥重要作用的生产设备。几十年过去了，当看到这张老照片，就如见到阔别多年的老朋友，倍感亲切。

摩擦压力机

用工厂自制的扁铲剐铲车库地面、地沟的油渍，是机车检修工们的一项重要工作。下图为工人们利用工余时间，打扫内燃机车二线二台位车库卫生。

20世纪七八十年代，工人每天穿着铁路制服，胸前挂着铁路路徽，走在通往厂区的路上，看见路边的横幅、企事业单位围墙上醒目的标语：向工人致敬、劳动光荣！工人阶级万岁！听着在城市上空回荡着“咱们工人有力量”“工人阶级硬骨头”等振奋人心的歌曲，我真切地感到，当工人光荣、自豪！在路上、席间，常有人问我在哪工作，我会情不自禁用高八度的嗓门抛出两个字：铁路。又问在铁路做什么工作时，我底气十足地告诉他们：机车钳工。嗓门如气壮山河般嘹亮。当别人投来羡慕的眼光，当工人的自豪感油然而生。一个人在青春年华时，所干的工作令人羡慕

车间职工与机车合影

和受人尊敬，是非常幸运的。1987年，我被抽调到机关工作，离开了留下我青春汗水和梦想的机车检修工作岗位。

机车进车库维修，有时为了方便拆卸组装部件，需要用机车牵引器，前后移动机车停放位置。图为机车牵引器在推移机车。

原检修车间机车检修库

劳动光荣，参加义务劳动开心。那时，单位党团组织，利用星期天或工余时间，组织团员青年开展收捡废钢铁、打扫班组和车库卫生等活动，对团员青年来说，是一件很开心的事，放弃休息，没有加班费，大家毫无怨言，积极响应。

车间值班室窗户的灯光彻夜明亮，为预防机车临时进库临修，确保机车调度、抢点及时，车间值班干部和车间临修班组职工，坚守岗位待命，遇到有机车临时抢修任务，立即投入工作。

上饶铁路机务段，这个创建于1936年，饱经历史风霜，有着68年历史的老路段，在铁路跨越式发展和生产布局调整中，走完了它的光辉历程，2004年11月25日与鹰潭机务段合并，隶属南昌铁路局鹰潭机务段。

上饶机务段虽已成为历史，但历史会铭记，这是一个有着光辉历史，在战争年代和社会主义建设时代，特别是铁路改革与发展的年代，发挥了卓越贡献的机务段。

停放在四角亭运用车间三角线的报废蒸汽机车，像一位饱经沧桑的老人，见证和参与了浙赣铁路发展。20世纪90年代，准备割拆当废铁处理前，我拍下这张珍贵照片。

报废蒸汽机车

自20世纪80年代到2004年11月撤段的20多年间，上饶机务段在技术质量攻关和管理创新方面，硕果累累，共荣获上饶市、南昌铁路局机务系统、江西省、铁道部质量管理和科技创新奖30余项。

翻开厚重的铁路年鉴，时光倒流，1936年的上饶机务段机车检修库映入眼帘。这个建于战争年代的机务段检修车库，在那个艰难的岁月，为确保浙赣铁路的运输畅通，起到了重要的作用。

原上饶机务段机车检修库（计树民　摄）

浙赣铁路建成于国家危亡之秋，在中国的抗战中发挥了巨大的军事作用。“八一三”淞沪会战，中国方面的大量军事兵力、物资从后方输送前方。至1937年12月杭州失陷前的四个月中，浙赣铁路输送部队32万余人次，战争物资近20万吨，抢运军事伤员数万以及潮水般涌浙赣铁路的难民。

抗战中的上饶机务段，在厂房极其简陋、机械设备落后、条件相当艰苦的环境下，机务段的员工们、不分昼夜，不计报酬，克服种种困难，及时抢修机车及生产设备，为保证抗战时的铁路运输畅通做出了贡献。

1942年6月14日，日军侵占上饶市。

浙赣铁路建成后，即投入抗战运输之中。1935年7月，浙赣铁路玉山至上饶通车，1936年1月9日，玉南线贯通。随着浙赣铁路玉南线的开通，上饶铁路车房（上饶机务段的前身）登上了历史舞台。1949年8月，直属上海铁路局，承担浙赣线上饶—金华—鹰潭308.5公里的机车牵引任务。1958年10月至1961年9月承担机车架修任务，机车库扩建为六线库。

大批难民涌向铁路逃难的情景（1937 年 5 月）

20 世纪 30 年代在浙赣铁路运行的客车

1936年的上饶火车站票房

1958年元月，隶属南昌铁路管理局，同年鹰潭机务折返段划归上饶机务段。1958年10月至1961年9月承担机务架修任务。1986年9月19日，开始配属国产东风4型内燃机车。1998年12月20日横南铁路开通，机务段承担鹰潭至武夷山的牵引任务……到2004年承担浙赣线鹰潭至金华309公里、上饶至金华206公里客车、横南线上饶、横峰至武夷山170公里的客货运输任务和上饶、横峰、弋阳、玉山四站的调车及内燃机车小辅修任务。配属内燃机车103台，机车乘务员854人，职工人数1809人。全段拥有机械动力设备330台，固定资产3.44亿元。

奔驰的蒸汽机车，冒着威武的白烟，成了浙赣铁道线上的壮观风景。

穿隧道、过桥梁，无论白天黑夜，无论春夏秋冬，无论暴风雨雪，无论骄阳似火，一路高歌勇猛向前。

上饶机务段550机车奔驰在浙赣铁道线上

自20世纪80年代，我调入机关，经常参加干部添乘工作，与机车乘务员同上班，同下班，对机车乘务员的工作，有了比较深刻的了解。

机车乘务员是铁路运输部门的一个特殊工种，他们不分昼夜，生活没有规律，不辞严寒酷暑，争分夺秒地长年工作在组织纪律性要求严格、噪声大震动强、冷热变化大、注意力必须高度集中的工作环境里；他们远离单位，独立作业、工作责任性重、风险大、要求高……这些特点，决定了机车乘务员必须要有良好的身体素质、崇高的思想境界和较高的文化技术水平。在蒸汽机车和内燃机车时代，机车乘务员工作环境和工作的艰辛，超出了人们的想象！如今，铁路已经进入高铁时代，我们在享受高铁给我们生活带来的安全、便捷、愉悦的时候，不能忘记几代铁路人为了铁路的运输事业，将青春、憧憬写进了广阔的天地间、写进了令人激动的车轮与钢轨碰撞的旋律中！人们不应该忘记他们，共和国不应该忘记他们，他们是共和国铁路的开创者和奠基石，正因为有了几代人的奉献，才有了今天令世人惊叹、国人骄傲的中国高速发展的高铁时代！

铁路职工与机车合影

蒸汽机车在机务段三角线煤台加好煤，整装待发

寂静的车库，机车即将踏上征程，司机手中的检点锤，在检查机车部件时，发出清脆悦耳的声音，在车库上空回荡。

在汽笛、车轮与钢轨共同奏响的铿锵有力的音乐中，机车乘务员驾驶蒸汽机车的形象，成了劳动者平凡而伟大的肖像。

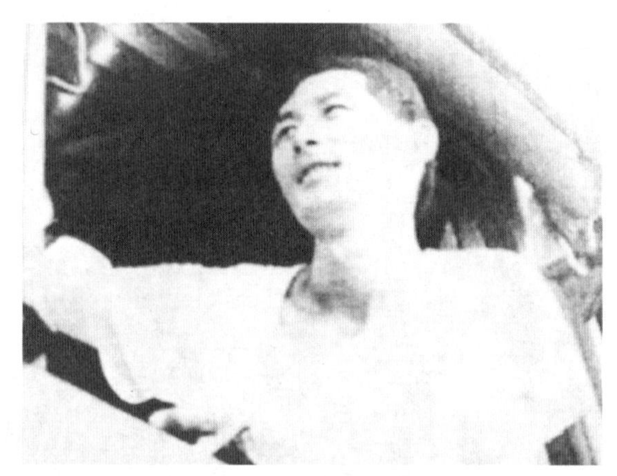

机车乘务员驾驶蒸汽机车

在蒸汽机车炉门咔嚓咔嚓的开启声中，握在手中的煤锹有节奏地挥舞，不停地将煤投进熊熊的炉膛之中，炉火闪亮，映照着乘务员刚毅的脸，这是一幅外人无法看到的震撼人心的图画！

机车乘务员正在向炉床内投煤

轨道伸向远方，伸向车站，伸向广袤的大地，伸向了未来……

自90年代末主管路风文明工作，到2004年撤段，上饶机务段连续被评为江西省文明单位，上饶市文明委多次组织上饶县、市文明单位到机务段参观学习，交流经验。

2013年至2015年，我从鹰潭机务段被南昌铁路局抽调到“上饶市老火车站综合改造工作组”。老火车站片区综合改造，包括整个上饶机务段范围的片区，当我接到通知，心中的五味杂陈难以言表……

上饶机务段自2004年撤并以后，原机关大院一直人去楼空荒废着。昔日的辉煌，已随岁月远去。没有人气的机务段机关大院，破败不堪，孤独寂冷。

原机务段机关大院

这里，原来是上饶机务段大礼堂、灯光球场、退休职工活动室场地。机务段和上饶铁路地区的其他单位经常在这里开展文体活动。

忆往昔，曾经灯光炫耀，人头攒动，欢声笑语，歌声阵阵……

这条路，从进铁路走到退休，几十年风雨无阻；从市区一直延伸到机务段门口，延伸到我的心灵；从一条普通的路，走成了文字走成了故事，走成了一条记忆之路！

2015年10月底的一天，当挖掘机的钢铁机械臂，高高举起那势不可挡的力量，向写有“上饶机务段”几个大字的大楼砸下去，站在不远处的我，心隐隐作痛，我转过身去，不忍心举起手机记下那残酷的一刻，悄悄离去……

上饶机务段被岁月带走，身后留下坚实脚印；历史荣誉册中，将会有闪光的记载！

他们，是支撑浙赣铁道线的奠基石。

历史，将以感激的目光注视他们的功绩！

别了，上饶机务段！你永远在我心中、梦中、记忆中、文字里！

（注：部分文字、照片资料来自《南昌铁路局志》《南昌铁路局年鉴》及原上饶机务段王冶洪、谢经建、王本勋等同事提供的照片，在此表示感谢。如有下载、复制照片资料使用者，务必与本人联系，注明出处，以免引起纠纷）

（作者简介：郑常勤，上饶作家协会会员）

沿着父辈开创的事业继续奋斗

汪彩萍

“沿着父辈开创的事业继续奋斗”是新四军老战士黄知深为纪念新四军诞生八十周年的题词，这句发自黄老内心的题词，既是回顾激情燃烧的战斗岁月，更是纪念牺牲了78周年的父亲。

2017年8月14日下午，在上饶市中山路一栋居民楼，我采访了革命烈士黄道的三子、新四军老战士黄知深。黄老深情回顾了他和父亲的峥嵘革命岁月。

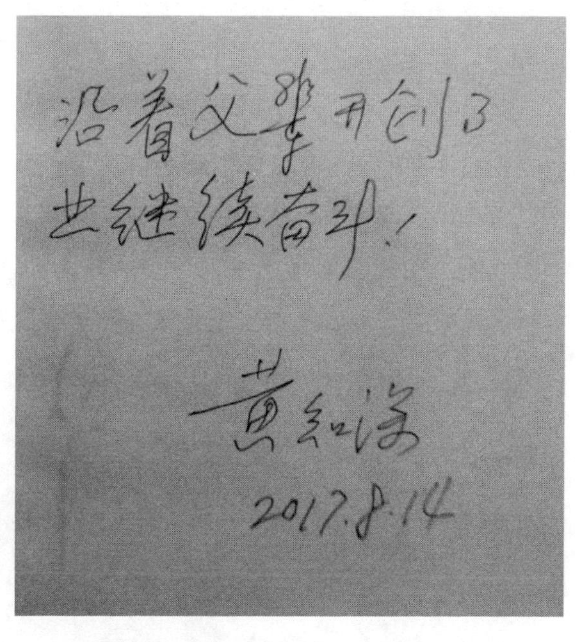

黄知深同志题词

1923年秋，父亲黄道考入北京师范大学。在李大钊、陈毅的介绍下，父亲加入中国社会主义青年团，继而转为中共党员，担任北师大第一任和第三任党支部书记。

黄道（1900—1939），中国共产党早期优秀党员，弋横起义领导人，原名黄端章，别名一鸣。

1925年五四运动中，父亲勇敢地站在反帝爱国运动的最前列，积极组织北师大等学校的进步学生参加反帝示威游行、罢课等斗争。在“三一八”惨案中暴露身份后，父亲遭北洋军阀政府通缉。1926年，党组织委派我父亲返回江西工作。创建中共横峰支部。北伐军进入江西时，父亲参加了南昌起义。后和方志敏一道领导了“弋横暴动”，建立了赣东北苏区。1934年1月，父亲在第二次全国苏维埃代表大会上，当选为中华苏维埃共和国中央执行委员。同年10月，中央红军北上抗日，父亲奉命留在闽北，任中共闽北分区区委书记，在武夷山区坚持了三年游击战争……

黄道同志

1949年5月，黄知深在上饶工作时的留影

已是87岁高龄的黄知深在讲述父亲的往事时记忆犹新，说起1938年2月

最后一次见父亲的情形。

当时，父亲送走北上抗日的横峰红军五团后回到横峰姚家乡，这是全家人最后一次团聚。我祖母说了一句，我们终于团圆了，可惜那时我的母亲被国民党大刀会杀害了。听了祖母的话，全家都哭了。父亲面容沉重，他说，“我们一家已经付出很大代价（从我祖父开始，第一个烈士，还有我的伯父、两个姑父和我的两个舅舅都是烈士）。但是为革命牺牲的事情可能还会发生。不管遇到什么情况，我们这家人都要革命到底、抗战到底，为劳苦大众奋斗到底。”

黄知深说，“我对党的认识，就是从父亲那一席话开始的。”
黄老是我的老邻居，老人和善，平易近人，生活节俭。黄知深的小名叫四仔。

父亲当时还过问了我学习情况，“四仔，你要好好读书。”听了父亲的话，我当时不住地点头，表示会认真读书，让父亲放心。我怎么也没想到这是父亲最后一次和全家在一起，后悔没跟父亲多聊聊。

1939年5月23日，父亲在铅山县河口镇被国民党特务杀害。堂兄黄知伯赶到我的奶娘家告诉我这个不幸消息。第二天，堂兄带着我赶到河口。当时我只有9岁，我仔细端详了父亲的遗容，发现父亲的脸庞和身上的皮肤发黑，我把看到的情况告诉了从闽北苏区赶来的大哥黄知真。

黄知深同志（汪彩萍提供）

大哥怀疑，父亲是被国民党特务毒杀的。后来，事实也证明了大哥的判断。1939年4月18日，父亲安全护送来视察工作的周恩来副主席后，立即从樟树返回皖南新四军军部。在途经铅山河口镇时不幸染疾，住进河口大同旅社治病。5月23日，上饶集中营特务头子张超密派特务黄玉成、吕鹤年等伪装招待，买通为父亲治病的国民党第三战区重伤院医生，趁机给父亲注射了毒药针，害死了父亲。那年，父亲39岁。

父亲是播撒革命火种的人。受父亲影响，大哥黄知真、二哥黄知机都从少年时起，便在父亲的带领下参加了革命。大哥一直在父亲身边工作，二哥15岁时就被父亲送到新四军教导队学习。父亲的突然离去也成为我成长的转折点。

2017年8月14日在新四军老战士黄知深家采访

父亲牺牲后，中共中央东南分局书记、新四军副军长项英、东南分局副书记兼组织部部长曾山派新四军苏中军区政委陈丕显来处理丧事。由于国民党方面扬言，不许父亲的遗体在江西安葬。东南局和新四军军部根据闽北老区人民要求，决定将我父亲的遗体安葬在他在闽北领导革命斗争7年之久的崇安县（今武夷山市）长涧源。

陈丕显叔叔说，党组织为了我的安全考虑，带我到设在安徽的新四军总部，分配在新四军教导总队的青年队。当时我只有9岁，是年龄最小的队员，被称为“革命的种子”。曾山同志还郑重其事地找我谈话，告诉我，这里没有学校，青年队都是烈士子弟，最大的十六七岁，你要向队伍里的大哥哥大姐姐学习。

在革命的路上，我与亲人们总是匆匆一别，天各一方。1940年5月，国民党发动第二次反共高潮，青年队学生只能解散，年纪稍大一点的分到部队，年龄小的回到地方。曾山同志又找我谈话，要我去福建崇安的新四军三支队的留守处。曾山说，福建是你父亲战斗过的地方，有很多你父亲的老部下，他们会照顾你、保护你。当天，就派了一位交通员徒步送我到太平县，在太平县正好遇到大哥下车我上车，我们在车站匆匆一别。我跟大哥说，组织上决定派我去福建。大哥说，好啊，有可能我就去看你哈。谁知这次我与大哥一别就是9年。后来碰巧到新四军兵站，碰到大哥的未婚妻。我们也不认识。兵站同志一看就笑了，说这位女兵是你未来的嫂子呢。谁知，这次是与未来的嫂子最后一次见面。她在皖南事变时被捕了，牺牲在上饶集中营里。

那次，黄知深与大哥分别后，从太平县乘车到浙江金华，又从金华坐火车到上饶，找到了设在灵溪十里街的新四军办事处。他至今记得，办事处主任叫胡金魁，胡主任为黄知深买了上饶到崇安五渡桥的车票，到了五渡桥后又徒步二十多里到了长涧源。在这里，黄知深见到了中共闽浙赣特委书记、中共福建省委书记曾镜冰同志，还见到几年未见的祖母。

曾镜冰说，为了我的安全着想，没让我住在祖母的身边，而是跟着新四军打游击。曾镜冰说，你的任务就是生存和学习。他还为我买了一本字典，让我学习新文字，“新文字”就是汉语拼音，我现在用电脑写作，用拼音输入法打字就是那时打下的基础。

那时没有书，曾镜冰就把油印的《论持久战》《反对自由主义》给我读，有空闲就读随身带的《水浒传》和《三国演义》。这些读物就是我的学习教材，没有笔就用柴火棍，没有纸就在泥巴地上练字。为了提高我的学习能力和政治水平，闽浙赣特委召开党员会议也让我旁听，曾镜冰的爱人孙竹云同志就跟我开玩笑说：“四仔，我们是党员开会，你坐在这里干什么？”

1940年至1944年，我在曾镜冰等领导身边虽然是“特殊”的游击队员，但孙竹云大姐的一句玩笑话却激励我处处以党员的标准严格要求自己。1944年，成为游击中队的教育干事，正式成为游击队员，后来又调到支队、纵队任教育干事。

1946年，内战爆发，我在上饶县五府山花台、潭里阙家、甘溪一带打游击。有一天，地委召开会议，宣布接受我的入党请求。那年，我16岁。我的入党介绍人是吴秀珍，新中国成立后是福建建阳行署妇女主任，地委王文波书记当场宣布，我成为正式党员。

这期间，我们在五府山和铜钹山一带跟国民党地方部队周旋，同时，成立横（峰）弋（阳）贵（溪）工作委员 会，宣金堂任工作委员会书记、杨金生任组织部部长，我任宣传部部长，张武火任委员，我们以磨盘山为中心开展游击战，分三路交通进发，削弱国民党的地方力量和势力范围。1948年4月，上广县委书记杨石在广丰牺牲。中央指示，南方游击队要由分散到集中。上级任命杨金生为上广县委组织部部长，何永贵为小丰区委，任命我为花台区委书记（铁山区委）。我们一直坚持游击战，直到1949年5月，我们和南下的解放军在上饶县花亭会合，我和地委书记王文波先是与陈赓的部队解放军五兵团会合，后来又与接管上饶的杨勇部队接洽。

上饶全境解放后，我参加了土改工作，又举办了两期农干班，受到了上级的表扬。1951年底，土改结束后，我想到了最后一次见到父亲时的教诲，父亲要我好好读书，我向组织申请，考入南昌工农中学（烈士子弟学校）。老师说我的文化程度相当初中水平。1954年，人民大学招生，中南局在长沙设考点，结果我又考上了，在人民大学脱产学习了四年统计和规划。在人民大学读书期间，我担任过大学的青年部部长、组织部部长等职。

大学毕业后，组织上分配我到省计委基建处当副处长，但父亲的老战友邵式平、方志纯不同意，他们要我到基层锻炼，我铭记父亲教诲，党叫干啥就干啥，我由此参加了新余钢铁公司的组建。

三年困难时期，新钢下马，省委组织部根据我学的专业，安排我到省统计局任处长，还是父亲的老战友和当地委书记的大哥不同意，他们要我回到老家横峰农村锻炼，任姚家乡党委书记。省委组织部部长王野同志考虑我已是县级干部资历，下派当公社书记，怕基层同志会误解，认为我犯了什么错误，故在我的公社书记职务后面加一个括弧，兼任横峰县委副书记。从此，我就再也没有离开过上饶。

黄知深说，有人为他的待遇打抱不平，但想一想那些牺牲的父辈们，他们对事业的忠诚和信仰。能够幸存就是最大的幸福，跟这些烈士、倒下去的同志相比，受点挫折和委屈算什么？所以，无论遇到什么曲折，什么困难，想到他们，他心里就舒坦了。

黄知深说，几十年的革命生涯里，缺失的亲情总能从组织和群众那儿得到弥补。

皖南事变后，国民党重挖父亲遗骨并火烧，当地百姓夜晚偷偷包好骸骨埋好，1950年运回上饶安葬。我在闽北打游击时藏身于老百姓的香菇棚，遭遇国民党搜查，当地群众誓死不说出我的下落。“文革”期间，我担任横峰县县长，成为该县最大走资派。在乡下批斗我时，群众悄悄地把鸡蛋放在碗底下，送给我吃。所以，我始终感激群众、相信党，永远跟党走。

父亲牺牲至今，78年过去了（今年是80周年）。父亲的一生虽然短暂，但父亲无论在什么情况下，都毫不动摇地坚持共产主义理想，为了党和人民的利益，不屈不挠，英勇奋斗到生命最后一刻。回首往事，可以告慰父亲的是，身为他的子女，我的大哥、二哥和我与妹妹都以父亲为榜样，我们的孩子也是在普通岗位，他们努力工作，勤勉事业，不敢有丝毫的懈怠，生怕有哪一点做得不妥不当，有辱父辈的英名。父亲的光辉业绩和崇高品德，教育和影响我们。我们将用它来继续教育和影响我们的后代，把父亲的伟大品格当作家风，一代一代永远传下去。这也是对父亲最好的纪念。

编后话：今天，5位新四军老战士的口述历史在本人的公众号上刊发完毕。全省有90位新四军老战士的口述历史入选中共党史出版社出版的《老兵忆当年》，我有幸为其中5位新四军老战士的口述历史撰稿。令人遗憾的是，新四军老战士王德云、孙良明、刘华闻还没等到《老兵忆当年》出版就离开了人世。

连日来，我和信州民俗专家汪增讨老师冒着高温天气，设法找到了这三位已故新四军老战士的亲属，将写有他们口述历史的《老兵忆当年》送到老人亲属的手中。至此，我们接手的这项公益活动全部完成。

老革命、老前辈们的口述历史，是抢救性的发掘。留下他们的影像资料，永久保存，把他们的故事传播出去，是对历史负责，是对革命老前辈负责，也是对未来负责，必须抓紧做好。

（作者简介：汪彩萍，上饶市作家协会理事）

吃水不忘供水人
——记饶城自来水的发展历程

上饶，因水而生，依水而兴。翻阅饶城千年建城画卷，从逐水而居到信江饮水、从凿井汲水到自来水全面供应，从城东水厂华美蝶变到空港新区10万吨水厂拔地而起，助力建设区域性中心城市、打造现代化大美上饶……上饶供水事业的不断发展，见证着城市发展的壮阔历程，也是饶城百姓用水获得感、幸福感最直接的源泉。

上饶市自来水公司创建于1964年，主要承担中心城区自来水生产销售服务、公共供水管网维护等职能，配置有城东水厂、生产运行调度中心、维修中心和客服中心等生产业务部门，下辖饶城水业、百川水质监测公司和水创物联科技公司等多个独立法人经济实体。现有在岗职工238人，其中中共党员47人，具有中高级职称17人、一二级建造师11人、技师72人。城东水厂日供水能力15万吨，水源来自距离城区50余公里的五府山大坳水库。

艰难起步　城市供水从无到有

正如上饶供水人之歌吟唱“走过岁月的风雨，历经创业的艰难。我们的激情燃烧，我们的热血流淌”。忆往昔、峥嵘岁月，我们挖大口井、建水塔，供水管网从无到有；日供3万吨、6万吨、9万吨、15万吨，供水规模越来越大，供水管网越来越长，供水区域越来越广。

“烈日酷暑，我们没有现在这么多机械化设备，只有铁锹和简单的吊装葫芦，手拿工具，肩挑簸箕，大家干得热火朝天……”老职工李子鹤、程子人拿着泛黄的照片，向青年职工们讲述着原信江水厂的建设历史。

原信江水厂大口井及构筑物

老一辈上饶供水人铺设管网场景

原信江水厂扩建场景

美好生活有点甜　上饶供水喜迎新格局

城市发展，供水先行。饶城生产和生活水源主要依靠信江水和井水。1964年，上饶市自来水厂投入使用，城市供水开启自来水时代。47年来，上饶供水事业一路击水弄潮，从稳步发展、迅速壮大到品质升华。2011年6月，城东水厂建成投产，饶城供水迎来华美蝶变。2017年3月，大坳水库引水工程通水，城市供水由单一水源保障迈入大坳水库、信江河等多水源供水格局，饶城供水安全保障能力再上新台阶。

饶城的自来水水源来自深山里的明珠、美丽的大坳水库的深水层，大坳水在两根直径1.4米的管道里奔跑50多公里，一路上还要穿山越岭十多公里的隧道，来到上饶市自来水公司城东水厂。大坳水到了城东水厂之后，要通过源水混合井、折板反应池、平流沉淀池、V形滤池、清水池等进行一系列的沉淀、消毒、杀菌环节，经过三级检验，达到国家106项标准后，最后将安全、卫生、优质的自来水通过送水泵房和管网输送到千家万户。居民美好生活用水需求再添“大坳水有点甜”的新体验。

大坳水库取水口实景

大坳引水隧道管线实景

城东水厂水处理构筑物实景

不忘初心、牢记使命　上饶供水奋力谱写新篇章

奋进新时代，筑梦新征程。2019年8月8日，上饶市水业集团正式挂牌，实现了引、供、排“三水合一”。人民对美好生活用水需求的向往，就是上饶供水人的奋斗目标。

2021年，从高标准、高质量开展79个老旧小区供水设施改造，到空港新区10万吨水厂建设，供水保障能力和饮水品质将全面提升；以提升服务质效为总抓手，持续压缩获得用水时限，全面推行延时错时服务、容缺受理和用户回访制度，进一步增强网上营业厅线上服务功能，不断优化服务用户模式，获得用水最多跑一趟，只需一份材，用心用情用力当好服务企业的“店小二、水保姆”，助力营商环境优化。推出“我为群众办实事供水服务十项措施”，着力解决市民获得用水“操心事”、化解百姓日常用水“烦心事”、办好公司服务群众“贴心事”，不断增强人民群众用水获得感、幸福感、安全感，引导供水人和用户群众感党恩、听党话、坚定不移跟党走，以优异成绩庆祝建党一百周年。

空港新区10万吨水厂鸟瞰图

上饶电力网事

程远南

一、上饶电力发展简史和发展思路

从历史发展上看，上饶的电从火电开始。1928年玉山商会集股在后田坂创办私营“光耀电灯公司”，装机容量40千瓦。1936年5月，无锡人屠为康在上饶市三官殿老浮桥头创办“上饶电气股份有限公司”，装机容量65千瓦。后因遭日本飞机轰炸，于1942年6月关闭。1946年上饶商会自发集股在旌德会馆建成“私营上饶电灯公司”。1949年6月中国人民解放军二野五兵团军管会动员上饶商会集股，在市三圣庙建成上饶市电气公司，容量15千瓦。8月上饶专署建设科在市中山公园（中山路82号）建成第一家国营上饶市电气公司总厂，容量20千瓦，1950

修建水电站（程远南　提供）

年2月又建分厂，增容30千瓦。1953年在市东门外筹建上饶电厂，容量240千瓦，1956年增容一台240千瓦发电设备，合计480千瓦。1959年3月上饶电厂迁至龙潭，扩机3×1500千瓦，合计4500千瓦。1981年和1985年先后扩建两台6000千瓦机组，合计16500千瓦。1986年上饶电网实现了与江西电网联网。

上饶水力发电起步较晚，20世纪60年代开始拉开序幕，广丰兴建了军潭电站，玉山建设了七一电站，上饶县建设了茗洋关电站等，装机1万多千瓦。之后各地又陆续建设了上泸、七星、王宅、峡口、大坳、下会坑等电站，装机发展到8万多千瓦。改革开放后，一批小水电站如雨后春笋蜂拥而上，较大的有高店、石罗坑、外湾、丰溪、岭底等。小水电装机上升到10万多千瓦。德兴、婺源、弋阳等地也相继发展了一批电站。水电站的迅猛发展，加快了农村电气化的进程，解决了边远山区电网覆盖不到、农民缺电的难题，也相应解决了一部分农民工就业。个体和股份制企业迅速崛起。至今，小水电更是全世界公认的清洁可再生能源，值得大力提倡，但局限性是多数电站没有库容，有水就发电，水多抢发电，给电网调度带来了一定的困难。因此，发展工业经济和改善人民生活用电主要还是靠大电网支撑，小水电只能利用水资源作为补充。

（一）新的使命

我是1977年7月到上饶地区电厂任党委书记、厂长（革委会主任）。在组织部报到时，杨绍南副书记兼组织部部长和我谈话时说："老程，这副担子不轻呀！电搞不上去，上饶怎么发展，就看你了。"当时的地委对我并不了解，我对机械还有些了解，对电可以说是"门外汉"，但我知道这是常委、常务副专员王万朝、谭开江及工业上一些老同志的力推，我只能表态服从组织安排，尽努力去搞好，不辜负组织的希望。7月28日上午我到电厂报到，到地委门口接我的是电厂一部接送工人上下班的小客车，司机樊一兵。一到厂门口，只见灰雾蒙蒙，烟气冲天。厂区内的道路两旁堆满了一堆堆的煤灰，农民兄弟拉着平车进进出出，他们把水池捞起未燃烧尽的煤灰装上平车，运回家里再加黄泥做成煤饼烧水烧饭。因此，这里天天非常热闹，像"战场"也像"菜场"，我就要成为这里的主人，从这里开始学电管电。

上饶当年只有两个小火电厂，一个是上饶电厂，一个是鹰潭电厂，厂小级别高，都是地属企业。两个科级供电所（上饶和鹰潭所）隶属电厂管理，后来又改成了地区水电局管理的二级供电局。我到任前又改成了地区电力局主管的上饶和鹰潭两个供电局（二级局），电厂仍属地区直管，人财物都归地区，主管部门是地区电力局。鹰潭成立市之前，主管两个电厂和两个供电所。鹰潭建市后，只管一个电厂和一个供电所。局长张有火，副局长张文彬、陈精。电厂领导除了我，还有徐培林、聂印亨和原工人代表的副厂长段勇革，后来增加了谢惠泉、徐绳之两位副厂长，之后徐培林调鹰潭，王生华从鹰潭调来上饶电厂任厂长，我任专职党委书记到离厂为止。

当时上饶地区电力局只管了一个原上饶市（县级），后来发展到附近的上饶县、玉山县、广丰县联网，但不是领导关系。另外，713矿有一自备火力发电厂和上饶电厂有一条35千伏的联络线，事故情况下可以临时切换互补。装机4500千瓦（其中1500千瓦一台，3000千瓦一台），上饶电厂是3×1500千瓦 =4500千瓦，后来增加了两台6000千瓦机组，总容量16500千瓦。广丰当时只有军潭电站，上饶县只有茗洋关电站、东方红电站，都不属我们直管。玉山在网内，有七一电站，这些都是各自为战，不能形成统一的调度和管理。只有在丰水期水电多余时会要求上网（送上饶）。简单地说，县级上饶市（含地直）是地区电厂的唯一供电服务区，只有这样一点电，上饶的工业、二轻企业以及经济社会各行各业和千家万户的用电不可能得到保障。用电大单位都有柴油机自备发电，晚上用电高峰时电力不足，到处可以听到隆隆的自备发电响声，就像一曲美丽的“交响乐”。更有趣的是有人家中办喜事，会事先把香烟和喜糖直送车间，请师傅们帮帮忙，“今天结婚，不能没电。”至于拉闸限电那时是家常便饭，家家户户都备有蜡烛、油灯，随时启动，习惯了就成自然，骂娘也没用。

上饶没有电源点，在没有实现与大网联网前，上饶电力的这种状况延续到了1986年，这就是当年上饶的供电状况。

我在电厂任职6年整，于1978年秋赴黑龙江安达到大庆油田取经，大庆人不愧是中国工人的榜样。不久，全厂开展了以改造旧式锅炉为沸腾炉的大会战。经过改造，实现了锅炉燃烧的沸腾化，烟囱由过去冒黑烟到冒白烟，煤耗大幅度下降，实现了扭亏为盈，摘掉了多年亏损帽子，昔日黑油油的煤灰没有了，煤渣充分利用到制砖和水泥掺合料，安排了一批职工家属就业，增加了职工收入。1981年新上一台6000千瓦发电机组，完全是依靠自己力量安装调试并一次投产成功，对当时紧张的小电网起到了缓冲作用。当然不可能解决根本问题，这些年我很少在家吃住，很多时间都吃住在厂里，和工人干部打成一片，好像没有克服不了的困难。除了领导班子的努力，像谢惠泉、赵敬东、刘世宽、吴海水、肖谓水、汤金生、刘元金、陈谋全、郑水仙、李明、徐丹弘、邱梅、余珍珍、柯冬香、周淑华等一批优秀职工跟着我们一心一意克服困难，坚持奋斗走了过来。他们对电厂做过贡献，对上饶人民做过贡献，对上饶经济社会发展做过贡献，绝不应忘记他（她）们。

有苦也有乐。但紧张之后的业余生活却丰富多彩，如打球、到信江抓鱼、到龙潭桥下钓鱼，有时爬上龙潭奎文塔登高望远，观看信江美丽的夜景。聂印亨是知己，在工厂困难时我们谈得最多，他生前有言：“亏损的帽子不甩掉，死后就埋在龙潭。”以后我们并肩战斗，亏损帽子甩掉了。他不幸去世后，安息在信江岸边的东岳山麓。

（二）新的里程

1983年10月，地委决定调我到地区电力局主持工作。原来的老领导都已退居二线，周旭明从广丰调来任副职，之后杨振国从赣印也调来任副职，吕华忠提任副局长，还有一位刘副局长任职时间不长就退休了，这就是当时的班子。我们上任最大的任务是怎么发展电源点，怎么改变上饶严重缺电的落后状况，把光明送到城乡，送到千家万户，送到如饥似渴的工厂，让企业开足马力生产，满足人民群众日益增长的物质和精神文化生活的需要。

1. 联网是电力工业发展的必然要求

经过日思夜想和调查研究，终于把目光注视到将上饶电网和永平11万变电站作为联网的首选。在征得地方政府和省电力主管单位同意后，逐级上报立项，经省计委同意批复，开始前期工作。当时国家已开始实行计划经济与市场调节相结合的格局，工程资金已改为拨改贷款，再加上企业的自筹需要550万元，这在当时来讲是一笔很大的数字，我们决心已定，贷款也要把线路搞通。经过25个月的奋战，整体工程于1987年9月9日正式完工，实际联网送电是1986年6月26日。这是电力系统职工、干部、工程技术人员以及解放军32380部队指战员和沿途地方党政领导机关、人民群众支持的结果，使上饶周围三县一市200万人民、650家工厂和驻饶单位直接受益，使上饶孤立的小电网进入了江西电网乃至华中电网，使上饶电网供电紧张局面大大缓和，经济发展有了保证。

2. 理顺电力体制迫在眉睫

电力体制的理顺说起来简单，做起来太难。首先要把周围各县的联网、调度统一起来，把水火电结合起来，最大限度地发挥效能，这就遇到了很大的阻力，突出的是水电部门的极力反对。他们怎么也想不通，辛辛苦苦建起来的电站会让供电部门纳入管理？其实都是误会，水电站的人财物都是县里的。我们所要的是给县里送电，为用户服务，是把县里水期多余的水电充分利用起来，而枯水期县里缺电时又能得到电网的支持，这明明是一举多得的好事，但是当时别说是有的县里，就连地区分管领导也有抵触情绪。为此，我们理直气壮，坚决顶住。当年地委书记卢联灿说得好："我看办电还是买电来得快"，"要是自己办电再来发展经济不知等到何年何月。"不管怎么艰难，最终正确还是战胜错误，成立了上饶县供电局。不到两年时间，为各县架设了11万伏线路，上饶形成了11万的环网，各县的用电都明显改善，调度也畅通无阻了。直到本人卸任前，上饶出现了22万伏变电站一座，11万伏以下变电站11座，主变容量达到46.55万千伏安，从根本上解决了当时上饶电力"瓶颈"问题。

上饶电力体改与会部分同志合影

3. 融入大电网是根本出路

电是社会化大生产，电网越大越坚强，互补性就越大。要使上饶的电力持续稳定发展，成建制将上饶地方电网并入大电网是一项重大战略。这项战略从1989年开始就一直在苦苦探索，但是阻力很大。到了曾亨炎任局长情况有了变化，电力需求更为迫切，各种用电矛盾更加尖锐，这引起了地区领导的逐步认识和重视。我们借此机会广泛宣传电网上划的重大意义，算了几笔经济效益账。地委书记卢联灿和专员刘德旺经过算账和反复思考，果断作出同意将上饶地区电力局整体上划的决定。经副专员方危海、副秘书长汪兆荣和我一起几经谈判，终于达成协议，并经省政府正式批复。于1992年正式经国家有关部门同意上划大网，成立赣东北供电局上饶分局（计划单列），同时保留上饶地区电力工业局牌子。经过三年过渡期将赣东北供电局搬至上饶市，实现全区统一的电网。这期间，为了顾全大局，我兼任了赣东北供电局党委书记，落脚点在上饶分局，同时来回奔跑于上饶—乐平。为争取早日实现搬迁，成立了迁建指挥部，但是事与愿违，由于当时主要领导同志不愿搬迁上饶，强调电网结构满足不了需要，无法进行调度等，致使搬迁停顿。几经酝酿，最后决定上饶单独成立供电局。上饶就成了江西第九个供电局。1996年1月8日上饶供电局正式召开成立大会，我便成了上饶供电局首任局长、书记，周旭明、杨振国、昌华忠任党组成员、副局长。至此，上饶电力体制基本理顺，上饶电力的发展开始步入一个新的历史发展时期。

江西上饶供电局正是挂牌成立

随着上饶供电局的成立，吉安、鹰潭等地相继建局和理顺体制，从此江西电网实现了一片红，地方用电得到改善，经济得到发展。经过十几年的发展，上饶的电压等级已形成22万伏网架，50万伏变电站也已出现在江西东大门，用电量已超过40亿千瓦·时，人均占有电量达到1300千瓦·时以上，电网结构稳定，昔日到处停电的状况一去不复返了。为了加强电网调度，耗资4000多万元的调度大楼于1998年着手开工建设，2001年终于在信江边上矗立。

上饶调度大楼奠基

4. 半壁江山是怎样铸就的

成立上饶供电局以后，由于当时的用电量较小，只有6亿多千瓦·时，与一些老大哥单位比较，人均电量较小。在这样的情况下，为了积累资金，发展生产，安排富余人员就业，特别是职工子女就业，必须跳出主业求发展，把第三产业做大做强。当时组织部分中层以上干部分成南下和北上两批人马上门取经，我参加了北上组，先后到了山东临沂、青岛、大连、烟台等地广泛取经，受到很大启发。参观学习回来后，领导班子认真找差距，分析形势，明确工作思路，提出了“搞好主业是根本，抓好副业促主业”。我们认为，根据当时上饶的情况，主业只能解决温饱，副业才能解决“小康”，在全局上下引起了很大的震动。

首先，从领导力量上加强。从局领导开始，抽调了一批优秀中层干部和工作人员，加强三产，成立了饶电实业总公司，新盖了多经大楼。

其次，选择了一批启动项目。如输变电工程、开发小水电、科技含量较高的水晶厂、金山楼、花岗岩生产、汽车修理运输以及沿街经济、抢建发展旺铺100多个，发展边远农村供电，占领市场份额，为农民送去光明等。经过数年的努力，初具了规模，在江西省电力系统乃至华中地区都有一定名气。“局小三产大”，各地陆续前来参观考察，职工的收入也不断提高，安排了单位一批职工充实三产后，把职工子女安排妥当，还吸纳了不少社会人员上岗，连续三年被评为江西省和全国劳服企业先进单位。在那些创业岁月，我们虽辛苦，但脚踏实地，心情快乐。大家没有谋私的欲望心为上饶电力发展添砖加瓦，一股劲地为第三产业崛起发挥光和热。随着第三产业的发展，主业有更多资金发展生产建设，玉山、广丰、上饶县等11万伏输变电工程以及金山楼、中山路办公楼、多处宿舍楼等拔地而起。那时考不上大、中专学校的孩子都有机会到三产单位就业，学一门专业技术，做一份工作。没有谁无房子住（只有房屋的差别），也没有职工告状的，领导和工人的收入差距相差很小，觉得很平等、很知足。

进入21世纪，公司（局）发展很快，生活水平更是“芝麻开花节节高”，住宿进一步改善，小汽车房前屋后停得满满，生产工作条件极大改善，但是思想反而有些松劲了，人心不齐，告状不少，贪赃枉法也出现了。究其原因是值得时人和后人很好思索，找找原因，让我们这些老电业职工也能得到精神上的安慰。

其三，发展生产也好，改善生活也好，还是要力所能及，量入而出。有多大能力干多大事，少欠债，少贷款，脚踏实地，心里不慌。这些历史发展中的争论疑点，今后后人要去总结梳理。上饶供电局第三产业发展到1996年终于实现了“半壁江山”，终于达到了“主副业比翼齐飞”。

二、军民共建结硕果

1985年3月，赣东北大地一片翠绿，上饶第一条用自筹资金建设的永平至上饶11万伏输变电工程开始施工，迎着初春的寒风，线路工程的基础建设动工开挖。线路工区的职工们紧张动员、复测、开挖杆塔基础、底盘就位工作热火朝天地进行。从铅山永平到上饶罗桥近40公里的沿线同时拉开，沿途上千名民技工积极参战。经过两个多月的紧张工作，基础部分基本就绪。

“八一”建军节前夕在32380部队座谈

紧接着就是紧张的立竿和铁塔组装施工，这项工作落在蔡国荣为首的玉山水电安装公司和婺源县水电公司。时间就是金钱，我们不能按常规施工，而是要分工合作，全面推进，因为那时上饶的电太紧张。当时除局本部的干部职工抽出一部分外，领导层我和周旭明也上了一线，吃住在工地上。同时还抽调了婺源、横峰、广丰、上饶县、玉山的水电公司技术骨干组成第一方阵进行立竿组装和铁塔组装。他们在前边打头阵抢时间，争速度。第二方阵是架设线路和防雷设施。施工初期，照顾就地群众组成放线队，由于人心不齐，速度太慢，在无可奈何的情况下，想到了请解放军驻饶32380部队官兵帮助拉线。从铅山仙姑岭开始进度大大加快，尤其是该部后勤部长、党委常委滕富连、火箭炮营秦营长、黄教导员等亲临工地一线指挥后，军民干劲倍增，你追我赶，一天等于几天的工作效率。值得一提的是架线两次跨越信江，克服了施工难度大、高空作业危险的困难，终于在6月26日接入罗桥变电站。由于11万伏变电站尚未完工，只能首先降压35千伏运行，并开始向上饶送电，强大的电流给缺电的上饶带来了生机。正在这时，上饶电厂6000千瓦机组出现了烧瓦事故，需要半个月时间进行修复。当时我作为上饶电力局的主要负责人心情既紧张又宽慰。如果11万伏线路不争分夺秒提前架通，把电引入上饶，那上饶乃至周围县市将会是一片漆黑和混乱，何况时值6月季节，人民生活用电怎么办？所产生的损失和影响是极严重的，也幸亏军队大力支持，否则上述局面难以避免。后来人们将接通电网，架设11万伏线路称为“上饶的生命线”。

在共建的事业中，供电局和炮三旅部队结成了军民共建单位。此后的上饶至广丰、铅山、玉山等不同电压等级的施工中，炮旅郭旅长、卢政委、刘政委等都曾到工地指导。后来部队用电紧张（公用线路）供电局又单独为部队架设了专线，确保了部队长期安全用电。每逢重要节日，军地双方领导互相走访。参加中越边境作战的战斗英雄向电力职工作过专场报告，电力局工程技术人员为军队战士培养军地两用人才，发放电力技术合格证和上岗证，军民共建结出了硕果。从此我和该部滕部长负责，经过努力把共建领导小组建成了江西省军民共建的先进单位。这段光荣的共建历史，推动了上饶电力发展，人们不会忘记，将载入电力史册。1986年7月《上饶日报》刊登了上饶至永平11万伏输变电工程竣工的消息，配发了副专员、常委刘时元的文章，文中称："上饶城内闹电荒，多亏电兵一片心。从此经济添后劲，人民幸福节节升。"我在《清平乐》里写道："武夷山下，望风景如画，银线飞架八十里，信州腾飞有望。惊醒灵峰卧女，羞赧鹅湖仙姑，电光映红东山，军民共谱新歌。"这是当时发自肺腑的深厚情感。

南溪义渡

汲军

流经信州的丰溪之上有一个渡口，称南溪义渡。据1984年编撰完成的《江西省上饶市地名志》(原上饶市即今日信州区)在“渡口”中记载:“南溪人渡，又名滩头渡。在畴口至滩头的丰溪河上。具有200余年历史，原为溪南村民集资建成，名称南溪义渡。新中国成立后，由市人委建设科接管。有载人渡船两只，改名南溪人渡。今由市民政局管理。”据《上饶市交通志(1991)》记载：滩头渡：位于城南滩头丰溪河畔，有两百余年历史。原为溪南村民捐资建成，又名南溪义渡。通铅山，有渡船2只。1953年，滩头浮桥拆除，改渡，称畴口渡。查阅资料得知：南溪义渡建于清道光二十四年(1844)，是上饶城最早、延续时间最长，也是上饶历史上唯一的“义渡”，即免费乘船的渡口。曾称畴口渡。

“南溪”是指在城的南边丰溪。这是现在已经消失了的地名，只在地名志里尚有记载。丰溪发源于福建浦城，她还有两条支流:

一条是来自广信区的五府山，五府山很高，据说可以看到五个府：信州、饶州、衢州、徽州、建州，不是看到府城，是看到这些府的属地。另一支流为广丰区的铜钹山，因故称丰溪。在当年畴口是南乡方圆六七十里客商（东至四十八都上泸，南至上滩畈，西至茶亭）进入广信府的唯一通道。从上泸到广信府，过松关岭就快到丰溪了。松关岭残破的古道今日尚存。南乡的水源丰富，今日上饶人的水源地就在上泸的丰泽湖。而五府山更是山林茂密，郁郁葱葱。当地物产丰富，著名的江南纸王杨益泰就发迹于南乡。民国九年，杨益泰在纸张的生产基地应家顶畈发家，他以造纸业带动了种植业，在花厅、前程、五府山、铁山等地买下了数万亩山林种植毛竹，解决了造纸的原材料。因为自己精于管理，保证了纸张的质量，赢得了很好的声誉。他又在纸张的重点消费城市杭州和上海都设立纸行，就用这样的连锁经营的方式，他被称为“江南纸王”。而当时从上泸到广信府只有一条大道，这条大道直通南溪义渡。南乡的纸张、山货如果要进广信府（城区）都得从南溪义渡渡河。于是设有渡口的畴口村还建了粮仓一座，建有一栋三间的渡船屋用于船工休息。还在渡口的两岸建有凉亭三座，用于乘客避雨遮风。各村所集的资金购置了几十亩良田，租给佃户耕种。收益用于船工工资与渡船的维护。当年船工的薪资为每月两担稻谷。中华人民共和国成立以来，南溪义渡的田亩、粮仓、房屋分给畴口的农户。

渡口这边是畴口村，畴口村在古时为南北过往的交通要道，是个大村落，有200多户人家，1000多人口。“畴口”意思是广阔田亩的关隘之口，如果从水南摆渡登岸后，走过畴口就看到广阔田野。其中汪姓清朝初年从福建迁入，至今历20余代，历时200余年。后来戴姓也由徽州迁入。现在村里有饶姓、周姓等等，是个杂姓的大村落。南溪人渡最初应该是汪姓、戴姓、饶姓、周姓甚至周围的其他姓氏的宗族共同出资并建设的义渡，就连距畴口五里之外的山棚村的姓村人也出资造船，请船夫摆渡。所以附近的十里八乡的百姓过河不收钱。据说古时甚至是远处如上泸、黄沙、尊桥等地的百姓也是从此过丰溪河，也不收钱。南溪人渡的对岸码头是在上滩头与下滩头之间。古时候这里芦苇繁盛，曾称“芦苇洲”。世事沧桑，后来芦苇洲变成了沙滩，于是就有了“滩头”之称。上滩头村落不大，有70余户人家，300多号人口。上滩头与下滩头毗连。南溪边的上下滩头是一片沙滩，沙子与鹅卵石混在一起，有些粗糙，还有色彩美丽的黄蜡石裸露在河床上，在阳光下闪着光芒。多年以后，这些蜡石让信江成为赏石爱好者的淘宝之地。

在上滩头有明朝嘉靖年间的吏部侍郎杨时乔的府邸，杨氏家族由四川迁于此，又因大门门楣雕花精致俗称“花大门”。后来列入省级文物保护单位。据说明朝之前，丰溪从象鼻山至信江的河道又浅又窄，一遇暴雨，洪涝成灾，危及两岸。当时杨时乔因治理黄河有功得到朝廷赏赐后荣归上饶，他用皇帝赏赐的五千黄金，招集乡亲拓宽河道，疏通水路。信州百姓积极响应，在杨时乔的主持下，只用了三个月，丰溪就被疏理好了。现在的花大门与丰溪河同在，杨天官的在天之灵依旧守护丰溪河。

我与南溪相识久矣，40多年前的秋天，我考入了南溪河畔的上饶师范专科学校，就注定了要与她交集。那时南溪人渡向东约10里有一座据说为了支援前线运输战备物资而建的钢铁桥，它与现在信江的步行桥为姐妹桥，当时称为“前进桥”，现在已经倒塌。向西约5里路的汪家园三江口外有一座浮桥，人称“三江浮桥”，那里也有渡口，称“胜利渡口”，抗战时期国民党第三战区驻扎在上饶时，为位于河对岸汪家园国民党一政治处而设，抗战胜利后，称胜利渡口；1950年信江大桥通车之后，因渡口不通汽车而扩建为货运码头。因为这两座桥的分流，所以平时南溪人渡的乘客并不多，大都是附近的村民。

因为恢复高考，上饶师专仅77、78级就有1000多人，渡河人数就暴涨。77、78级大多是老三届，考分高的都被上饶以要留住自己的未来的教师人才而录取于此。于是这些30多岁的大学新生就被当地人笑称为“老童生”。老童生们一是比较懒，二是珍惜时间，于是都不愿意绕远路去过桥。由于南溪人渡离我们学校最近，摆渡就到了水南街，就算城区了。我们日常入城就第一选择摆渡而过。小小的渡口就繁忙了许多。尤其是周六的下午，船船都满，村民有意见，因为他们挤不上船。

摆渡的是一位老艄公，住在河堤旁的大树下，是村头第一家的老房子。老艄公姓徐，据说是灵溪人。其实原本是本村人摆渡的，但在1963年5月22日上午7时许，满满一船的妇女乘船去城里卖菜，大家都想早点去抢个摆摊的好位置，因此渡船超载1000余斤，船上人过多，行到河中间，船翻覆了，溺水而亡者达14人，其中有2名孕妇。这是新中国成立以来水运事故最严重的一次。艄公姚老水被追究刑事责任。从此以后，村里没有人愿意撑渡，于是老徐就从信江的上游灵溪河来到丰溪河。

虽说古时是义渡，但新中国成立后就被民政局接管，每月由民政局给微薄的报酬，船也由民政部门负责打造与修理。于是沿袭传统，村人渡河还是不收费的，但对其他人，艄公就会视水的大小，收个5分、1角的，漫天大水时最高也收过2角。这2角钱大家都出得心甘情愿。老艄公要将船沿着河岸逆水撑上去，很费力，竹篙都撑得像满弓，他的身姿像虾公，从胸腔里发出“嗨嗨”的吼声。等船撑到了一定的水程，他就将竹篙一收，用桨把着方向，借着水流让船在湍急的水流向下游的对岸漂去。快靠岸时，他又用力地撑起来，每次靠岸都恰恰在码头上。我们都暗暗为他的精湛的技术叫好。每次涨大水，我们都很放心地坐他的渡船。每到周六，老艄公自然是喜上眉梢，长长的撑竿在船的两边左一下右一下，身手矫健，与他50岁上下的年龄不相称。蓝天绿水间就见这一艘小木船来往穿梭。

有一次，日本的电影《望乡》在上饶放映。那日的中午通向渡口的路上都是步履欢快的老童生们。船一下子就挤满了乘者，老艄公挤不上去，他不停地让人下船，大家互不相让，结果船就在岸边沉下去了。好在水不深，乘客们赶忙从水里爬上来，不顾湿漉漉的衣裤就奔赴铁桥、浮桥，赶场看电影而去。只留下老艄公在骂娘，他说，把沉船要弄上来会累死人的。这次以后，渡口有两大变化：一是每到周末，学校就派学生纠察队，戴着红袖套维持秩序，大家排队，限载，一船20人。二是学生与村民关系更加恶化，村民上船优先成为惯例。

但还有些会撑船的学生，不愿受气也为了省些摆渡钱，乘老艄公不在，自己把船撑到对岸。这边的村民要过河，望着对岸的野渡无人舟自横，就蹬脚拍手大声地骂学生们的当世的爹娘，甚至万代前的爹娘也不能幸免。还有一次，一艘船要到城里运粪，有几位学生也上了船，可是还有些运粪的村民还没有到，学生就有些急躁地催促。当时船上的村民激学生说，你们有本事可以自己撑船啊。这些学生早先也是在信江河边的插队知青，当过农民，会划船，于是竹篙一点就开船了。其他担着粪桶还没有上船的村民看到就着急了，要求学生把船撑回来，学生自然不听，在船上的村民就去抢竹篙，一来二去就在船上动起手来，场面很激烈，双方都挂彩了。后来学校要处理打架的学生，就是查不出当事人，于是不了了之。后来这几位学生怕被村民认出来，就尽量不乘渡船了。

不仅是学生，家住市里的老师也经常在此渡河。教我们唐代文学的毛际云老师，个子矮小，慈眉善目，常年穿套鞋拿阳伞，因为从水南街过来是要撑渡的。我就见过他大晴天在溪滩的浅水里走，套鞋湿润着，阳伞就像是拐杖，在砂石里探路。毛先生是中正大学毕业，赣方言口音很重，门齿又缺，基本不与学生交流，平时见了只是笑笑，无声还有点腼腆。但课堂上的他却像另一人了，唐诗基本上也是吟唱的。讲李白的“玉阶空伫立”，就站在窗前，眼光辽远而深情，说：“良人啊，我的良人，你在何方？”讲《蜀道难》，开句“噫吁嚱，危乎高哉！”起句音调过高，拖腔旋转而颤抖，有点上气不接下气。全班寂然，都极紧张，一直到毛先生吟唱完毕，才听到一片舒长气的声音。看到毛先生在南溪的河滩上缓缓而行，觉得南溪就是从唐诗里流淌过来的。

那年刚刚生完孩子度过产假的我就是举一把阳伞，抱着刚满两个月的儿子，一路气喘吁吁，一直到渡船上。同船的村人看到，就让出船舷让我坐下，河上的清风吹过，心里就很清爽。

还记得有一次我从鹰潭回校，火车晚点，到渡口天已经墨黑，丰溪河的水流哗哗，沙滩的芦苇沙沙，还有些不知名的草虫怪声地鸣叫。我对着空旷的丰溪河，大声地连着喊：“老人家，来撑渡！”自己的声音在河床上回荡，都因颤抖变调而很陌生。终于，对岸的房子里亮起了微弱的灯光。据说高度近视的人听力往往更敏锐，静夜里，我屏住气，可以清晰地听到的声音：解缆绳、竹竿与河底的抵触，水与船的摩擦……一直到与夜色差不多的一艘小木船驶到我的面前，而船头站着正是把着撑竿的老人家。我充满绝处逢生的喜悦。老人家嘟嘟囔囔的像是有些埋怨或是有些劝诫。上岸后我和他一起走，路过河堤边他的家时，我看到他被子凌乱的床。以后只要看到“摆渡”的字样，我就会想起这一幕。

现在的南溪人渡的旧址建起了丰溪公园，它有点像杭州西湖的六公园，只是六公园是环西湖，而丰溪公园是傍丰溪。准确地说，就是一条河堤，长度约3000米，步行一圈，可以完成日行的健身的步数。丰溪在三江口与信江交汇，向鹰潭方向流去，昼夜不舍。这里天高水阔，树轻摇，花盛开，白鸥掠过，是一个美丽的所在。为了南溪人渡的那段岁月，我喜欢一个人走在长堤上，去朝花夕拾的。

现在渡口没有了，只是设了一些台阶，作为曾经渡口的标志；沙滩没有了，变成了规整的河流；芦苇没有了，是各色的行道树；旧屋没有了，建成富丽堂皇的别墅与高楼；船板洗得发白的渡船没有了，只有端午时才下水的两头尖尖的龙舟；畴口村落的田园没有了，只有宽阔的道路；老艄公也在五六年前故去了，只有“老人家，来撑渡”的呼喊还在丰溪公园的上空悠悠地回荡。

（作者简介：汲军，上饶师范学院教授）

【百年树人】

旧时上饶的回忆
——我所知道的私塾

白福生

说起读私塾来，人们自然而然地会想起早年电影里呈现的情景。比如先生总是板着面孔训导着学生，以显示为人师者的威严，在教学习文的同时少不了那摇头晃脑，自我欣赏式地拉着长声，念着那早已滚瓜烂熟的古文词句。而学生们却是都是一副诚惶诚恐、唯唯诺诺、毕恭毕敬、俯首帖耳的样子。

在这篇文章中，我要说的是我亲历眼见的一个私塾里的故事，看看他们是怎样教书育人的。那是在新中国成立前夕的上饶，我在北门村南口那个私立的“崇德小学”上学。有一天下大雨，第二天早上上学时，学校临时决定要修我们班漏了雨的那个教室，为此给我们班放假半天。于是我和同学们听说后都高兴极了，我们又可以去疯玩了。出了学校，当我们结伴走到学校东边不远的一条巷子里时，突然看到一堵高墙因为下大雨而被雨水冲倒了，露出了院子里面的房子，并从那房子

私塾旧影

里传出了朗朗的读书声。出于好奇，我们小心地翻过不高的断墙走近一看，那房子里布局和人员的情景，脑子里突然闪现“私塾”二个字来。早就听大人说过这“私塾”怎么怎么的好，现在的“洋学堂”如何如何的比不上它，看来今天真的让我们遇上了。我们透过木制的窗棂看到里面的情景，我看见在正面的墙上贴有孔子的画像和写有“天地君亲师”红底金字的贴纸，下面的条案上摆着一个点着三根香的香炉，还有一些放在盘子里的水果，后来才知道那叫供品，是敬奉孔子先师的。它两边各有一座蜡烛台，上面各插着一支很大的红蜡烛，虽然剩了多半截，但是并没点着。在左右蜡烛台的外边各放着一个瓷制的圆柱形的帽筒，上面插着鸡毛掸子什么的。因为那天是阴天，屋里的光线比较暗，但也能看清那条案前有一张八仙桌。桌子后边的太师椅上坐着一位60岁左右的教书先生，他身穿一件那个时候常见的黑布长袍，上身穿着一件黑绸缎子做的马褂，显得那么老气横秋，头上真的戴着人们常说的那种教书先生爱戴的瓜皮帽，鼻梁上架着一副老式的眼镜。桌子上放着那文房四宝和授课用的线装书本，在他的右手边不远处的桌子上还有一只铜制的水烟袋。除此之外就是那既能用于打人也可用拍桌子警醒学生用的戒尺了，那时我们管它叫竹板，它有一尺多长、一寸多宽。在这先生面前的八仙桌前方，面对着先生，各有几张长条桌，每张桌子后面坐着两个学生，一共有八九个学生吧。桌子上摆放着各自的书本和笔墨用具，但很少见到我们常用的书包，大多数学生用的是块很大的方形蓝布用来包裹书本。我看过他们用它包书的过程，在包书之前先将书本整理好，再用两块和书本宽窄相同的木板把书夹在中间，

私塾学生向教师行礼

然后用布从两侧卷紧绑好，那布的另两个角互相打结后就可背在身上了。再说那毛笔和砚台，在用后都要清洗干净，擦干后再放入专门备好的布袋里，然后手拎着它来回上学或者是回家的。这些都是问到他们时听他们说到的，因此也记在心上了。

再看那先生授课时，嘴里拉着长声，隔着眼镜能看见他眯着眼睛，慢条斯理、很有韵调地念着那早已背得滚瓜烂熟的古文词句，念到高兴时确实是摇头晃脑很得意的样子，按现在的话说就叫作进入角色了吧。当先生念完一段课文后，学生们就照本宣科地看着书本的课文齐声重复地念上一遍，然后先生讲解一下课文的内容和意思后，再向学生提问。过了一会儿，先生可能累了或许烟瘾上来了，于是就安排学生们自己去熟悉背读课文去了。先生让学生背的课文都是前一天所授之课，那背书是学生过关之时，真有背不过的，先生除了训斥接下来真是会打手板的，这是稍后先生离开时学生们小声告诉我们的。这次还好没遇见他们背书，此前我们早已看了一会儿，那时先生也看到我们了，可能为了满足我们的好奇心，并没有管我们。当他拿着他的水烟袋去后屋歇息去那一会儿，那群学生看先生走了，就急忙打招呼开门让我们进去了。看到他们的穿戴各有千秋，有穿老式长袍的，也有和我们穿的相同的上下身衣裤的。我们看了他们的书本，记得就是常说的《三字经》《百家姓》《千字文》之类，有几个年龄大的那书就不一样了，比如《大学》《中庸》《论语》之类，不过这些书都是用那种颜色发黄的毛边纸印刷的木刻版的老式线装书。比起我们上学用的白报纸铅印的书来，显得古老而陈旧多了。看来这私塾里也搞教学多部制和分大小班的呀！再看看他们的作业，那全是用毛笔写的大小楷和抄写工整的课文，他们个个的书法写的就是和我们上“洋学堂”的学生不一样的，写得又工整又好看。他们也看了我们书包里的课本，看了语文书中的课文，脸上露出惊喜羡慕的样子来，看来这两种教育是各有千秋的。我们有算术课，而他们学的是打算盘，也就是现在说的“珠算”课。在写字上我们确实不如他们，尽管那时我们每天午饭后也写一篇大楷或小楷，但这字确实不如他们写得好，因为他们字写得不好也要挨打的呀！而我们就没有这么大的压力，我们在写大楷时，写得好的字老师往往会用红朱笔打红圈以示表扬，写得更好的字，老师会打上两个圈的，那双圈字要是多了，往往是会拿以示人或向家长邀功请赏的；即使字写得差了，也只是挨老师训斥，但不至于挨板子打的。

不知不觉中，时间就这么过去了，那位先生又回到学堂里来要继续讲学了，我们也很自觉地离开了那里，随后我们各自回家了。在以后不久我在去同学家的路上又遇见过一个私塾，因为知道怎么回事了，就大概地看了一下，那布局那师生的配置都大同小异，看来这私塾有传承还有一定模式的，要不怎么会流传千百年而久盛不衰呢？只有在新中国，社会进步了，代表落后的、旧的教育制度的私塾才会从历史上彻底消失。

（作者简介：白福生，保定市化工二厂退休职工）

忆信江书院旧址上的上饶中学

白福生

1953年的秋季，我考取了当时位于信江书院旧址的上饶中学。虽然只上了一个学期就回到老家保定，但时隔60多年后，当时在学校学习生活的情景仍历历在目，至今还不能忘怀。

那时的上饶，仅有这一所中学，能考入这个学校也是我人生中的一大幸事。她的校园面积很大，从信江南岸的学校大门进去就是学生宿舍和食堂，往东走不远有个小院，是那时学校教职员工的住宅区，在院子北边有一个开向信江南岸的大门，这院子的西墙开有一个小门，可以方便住在那院子里的员工进入校园的。走到这小院西墙，再由此向南有数十级向上的台阶，拾级而上就上了一个高台，这是校园的教室、教研室、学校办公室和校医室集中的地方。那时我被分配到初一戊班，当时的校长是王彬，我们的班主任

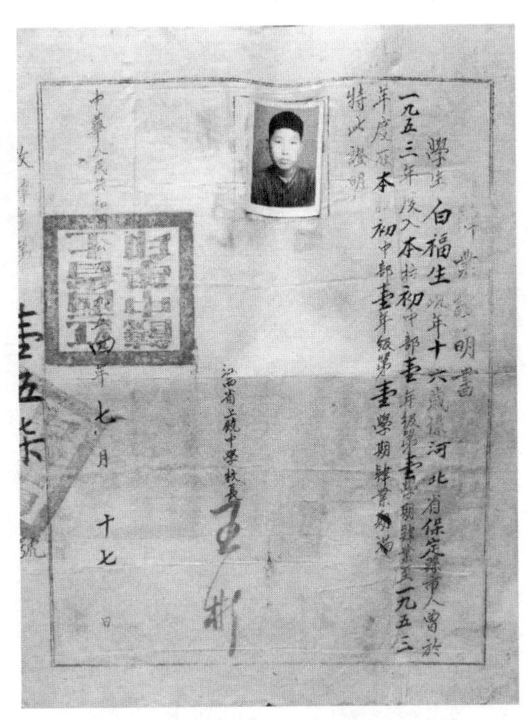
學生白福生現年十六歲係河北省保定市人曾於
一九五三年度入本校初中部壹年級第壹學期肄業至一九五三
年度在本初中部壹年級第壹學期肄業期滿
特此證明
江西省上饒中學校長
中華人民共和國一九五四年七月十七日

白福生上饶中学转学证明书

信江书院钟灵台

是邹文丽老师，他还教我们植物学这门功课的。

1954年母校为我开具了转学证明，它也是我唯一保存下来的在上饶曾经生活学习过的见证。

在这半年的母校生活中，我走遍并记住了她的全貌和她的每一个角落。比如在这个高台的西边就是那全江西省有名古迹——钟灵台，它是学校的图书室，楼上可以借书，楼下就是阅览室，在课余时间我们也会挤在这通向图书室的木制楼梯，晒太阳和远望南边的那座小山。

江西省立上饶中学教职员合影（上饶市档案馆藏）

在高台偏东北是刚建成不久的赣东北地区革命烈士纪念塔（现在改名为“上饶专区革命烈士纪念塔”了），当年它是和校园相通的，我们在课余时间会去那里学习和游玩。那烈士纪念塔向北不远就是伸向信江南岸的向下的层层台阶，那是前来参观者的通道。在这下台阶口处的两边分别建有两个很有特色的亭子，一个亭子的顶部是五角星形的，另一个是五个梅花瓣形的。在烈士纪念塔东边顺着台阶可以下到一个小型的广场，在它中间有个用木头搭建上面盖着稻草的亭子，我们也常去那个安静的角落里学习的。几十年后再去时这个地方已填平垫高了，并建起了“黄道烈士墓”。从烈士纪念塔向东就是另一处学生宿舍，它和进大门那边的宿舍、食堂都是信江书院保存下的老建筑了。在这仲秋桂花飘香的季节，我想起校园那棵高大的桂花树，那是一棵我至今见到最高大的桂花树了，它就在我们教室的不远处，高十几米，那粗度我们比量过，一个人凑合着能抱拢它，它的花香飘向四方，那落在地面上金黄色的桂花，每每都让我们不忍下脚踩去。多少年过去了，再次去母校却无缘再见到它了，取代它的是不远处的一棵只有碗口粗的小桂花树，冷清孤独地生长在那里。

经训堂留痕（上饶市档案馆藏）

在高台的东南角，下了台阶向东向南就是一个很大的操场，我们在这里上体育课、做课间操，学校也在这里召开全校师生大会或进行各种体育锻炼和比赛活动的，这操场有标准的跑道，各种体育器材也是一应俱全的，操场东北角有台阶，向上可以走进当时的学生宿舍，它和从烈士纪念塔东边的延伸过来的学生宿舍是一体的。操场西边有个大院，那是高中各班的教学区，从操场西南角的小门出去有一条东西走向不太宽的小路，向东可到信江边的头道浮桥，向西走不远就是水南街了，我们出了这门口大多是过了这条小路，然后再向南爬上那个钟山西北隅的一座小山，山虽不高，除了几座孤坟，山顶上就是一个平台，在这里极目望去向北自西向东可以看到信江北岸及更远的地方。再环顾这小山的四周，满眼看到的全是郁郁葱葱的树木和山峦。

自那以后的几十年里，虽已时过境迁，但这心里还老是装着我的母校——“上饶中学”，在离开她50多年后的2008年和又过去了8年的2016年我曾两次回到上饶探望故旧，却总是把回访拜谒母校放在首位的。尽管物是人非，但记忆中的母校还是那么亲切。2008年她部分改为上饶市卫生局，2016年第二次去她恢复了历史的旧貌改回了“信江书院”，成了上饶的一个历史景观。里面的许多建筑也一改记忆中的原貌，恢复到原来古建筑的模样了，唯有那烈士纪念塔和钟灵台和旧址中原来的古建筑还依旧存在着，述说着历史的沧桑，给人以稍许的宽慰。

（作者简介：白福生，保定市化工二厂退休职工）

上饶革命烈士学校钩沉

方健

1949年4月21日，毛泽东主席和朱德总司令发布《向全国进军的命令》，中国人民解放军百万雄师分三路渡江作战，以排山倒海之势，一举突破国民党政府苦心经营的长江防线，23日，南京解放。

渡江战役后，解放军以每日100余里的速度南下追歼敌人，很快迫近江西上饶地区。国民党当局为了垂死挣扎，调集部队防守，建立特务组织，疯狂扩充地方武装，妄图阻挠解放军的前进。解放上饶的战斗就此打响。

1949年5月3日，解放军进入广平镇（今上饶市信州区），与长期坚持敌后武装斗争的闽北游击队（武夷支队）会师，上饶县解放。此时，一趟军列载着国民党“京沪杭指挥所”6个中队从杭州开来。他们做梦也没有想到，刚进上饶火车站，就全被俘虏。

中国人民解放军二野部队，在坚持敌后斗争的皖浙赣支队、闽浙赣支队以及婺源独立大队广丰独立团、信江支队等武装的配合下，一路势如破竹、高歌猛进，仅用十多天时间就解放了上饶全境和周边地区，并歼灭了大量敌人。

上饶各地解放后，中共中央华东局所辖的赣东北区党委、赣东北行政公署、赣东北军区接管了赣东北地区。1949年5月3日，根据中共赣东北区委的决定，以原上饶县广平镇为基础成立上饶市，由上饶专区直辖。9日，中共上饶市委、上饶市人民政府宣布成立，上饶迎来了人民当家作主的人民政权。

江天辉

解放后，为了培养赣东北地区革命烈士子弟，党和政府决定创建革命烈士子弟学校。1949年9月，接受原祝同中学校产，在原上饶县初级中学旧址（茶山寺），开办上饶革命烈士子弟学校。中共上饶地委书记江天辉兼校长，徐先兆任主任主持日常校务；1950年起，朱启中任副校长，负责实际工作，1950年3月创建浮梁革命烈士子弟学校，王应谐任校务主任。1952年10月，上饶、浮梁两专署合并，浮梁烈士子弟学校并入上饶烈士子弟学校。1954年底，上饶烈士子弟学校并入江西省工农中学。

上饶烈校基本建设工程（潘旭辉　藏）

上饶革命烈士子弟学校的前身上饶县中学是江西省重点中学，于1902年创建于上饶市原信江书院旧址，信江书院是赣东北的最早学府。自清光绪二十八年（1902）改称广信中学堂迄今百余年来，上饶县中学历经沧桑，屡经变迁。1912年广信中学堂更名为信江中学校。1914年秋省府欲合信中、鹅湖师范为第四师范，信中因不从而停办。1916年春复校称广信七县联立信江中学。1919年改称省立代用信江中学。1922年秋改称江西省立第十中学。1927年春省立第四师范并入改称江西省上饶中学校，同年冬改称江西省立第六中学，私立辛酉初中并入。1935年复称江西省上饶中学。1938年为避日寇轰炸，迁址上饶县八都，同年冬迁回信江书院。1939年4月迁址上饶县应家口。1946年迁回信江书院，同年秋玉山临时中学并入，并在原址考棚设分校。1948年春分校结束。

在旧社会被剥夺了受教育权利的工农大众，随着新中国的成立在政治上翻身做了主人，但在向文化科学进军时却困难重重。1949年12月23日，教育部召开的第一次全国教育工作会议提出：“教育应着重为工农服务，而当前的中心环节，应是机关、部队、工厂、学校普遍设立工农速成中学，吸收大批工农干部及工农青年入学，培养工农知识分子干部，同时大量举办业余补习教育。”会议还草拟了工农速成中学的实施方案，提出：“1950年上半年中央与各大行政区先集中力量开办工农速成中学师资训练班及试办一两所工农速成中学，训练师资，编订教材，取得经验，做好准备工作，争取下半年招收学生1万人。”

1950年12月，政务院决定在全国范围内有计划、有步骤地举办工农速成中学和工农干部文化补习学校，并规定：入工农速成中学的条件为参加革命工作三年以上的工农干部或有三年以上工龄的产业工人，具有相当于小学毕业的文化程度，年龄在18～35岁，身体健康者。修业年限暂定为三年，必要时可延长，其课程相当于普通中学的基本课程。

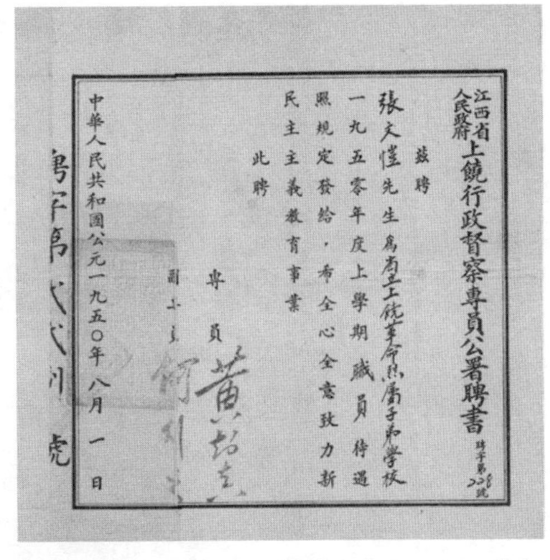
江西省人民政府上饒行政督察專員公署聘書
聘字第228號
茲聘
張文愷先生為省立上饒革命烈屬子弟學校
一九五零年度上學期職員待遇
照規定發給，希全心全意致力新
民主主義教育事業
此聘
專員
副專員
中華人民共和國公元一九五〇年八月一日

上饶行政督查专员公署聘书（潘旭辉　藏）

此后，教育部颁布的《工农速成中学暂行实施办法》明确规定：工农速成中学的任务是招收参加革命或产业劳动一定时期的优秀工农干部及工人，对他们施以中等程度的文化科学基本知识的教育，使其能升入高等学校继续深造，培养成为新中国的各种高级建设人才。

“烈校”以赣东北地区革命烈士子弟为主要招生对象，并招收少数革命干部子女。学生文化和年龄程度相差悬殊，分设小学和初中两部。小学部课程与普通小学相似，采用速成教学法，学生可以随时升级。建校初，上饶烈校（不含浮梁烈校，下同）招生百余人；到1950年秋，发展到12班，学生400人，教职员43人。1951年底，有13班，学生351人，分儿童与成年两部，儿童部5班，3班复式，2班单式，按照普通小学编制；成年部8班，均为单式，按照职工业余学校编制，三年完成小学阶段课程，采用机关业余学校教材。学校中烈属：直系183人，旁系106人；军属：直系5人，旁系14人；干属：直系24人，旁系9人；其他9人。

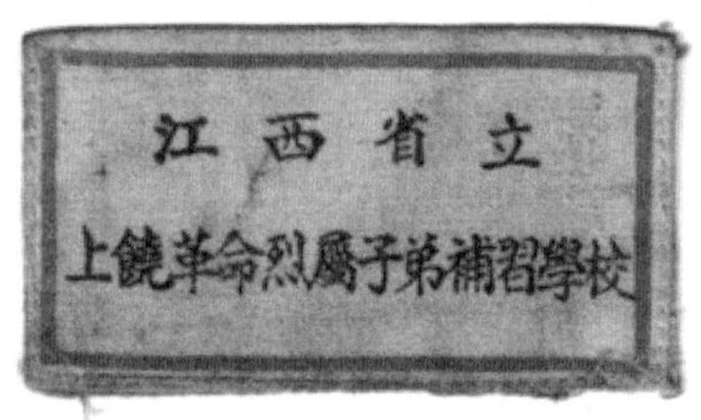

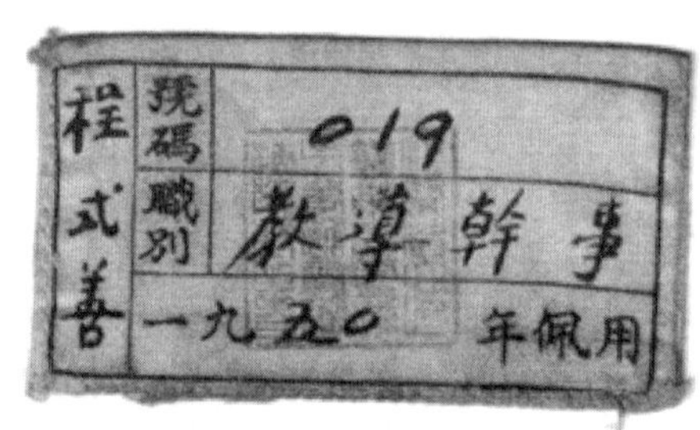

上饶烈士子弟学校教导干事佩章（潘旭辉　藏）

“烈校”直属省民政厅领导，办学经费全部由省民政厅拨给。学生实行供给制，食宿、衣着、书籍、文具和医疗保健等各项费用全部由政府开支。学生生活费：每生每月发给大米105斤，其中伙食米45斤，另60斤折现金54600（旧人民币）发给，一半做菜金，一半做学生津贴费，购置毛巾、牙膏、牙刷、肥皂、鞋袜等日用品，学习费：每生每月发给大米10斤；医药费：大米8斤；图书购置费：

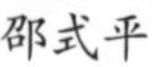
邵式平

方志纯

大米1斤；公杂费：教职员大米20斤，学生大米15斤。以上费用均折价发给现金。教职员工工资，依照小学标准发给。

党和政府的负责人十分关怀“烈校”师生，江西省人民政府主席邵式平，副主席方志纯等均曾多次到校指导工作，看望师生。

教育强则国强，教育性则国兴。文化教育是一个民族兴旺发达的灵魂，国家能够在建立新政权基础上、百废待兴的前提下，立即展开国教的文化教育工作，展现出了一个充满希望的国家的开始。在上饶革命烈士子弟学校短暂的存在期间，为我们国家培养出了一批人才，让我们的干部及其子弟丰富了自己的理论知识，也给接下来的国家建设提供了宝贵的人力资源。使他们坚定地成了新中国的建设者、开拓者。

（作者简介：方健，上饶美术馆馆员）

你可知道有所大学叫作“赣东北大学”？

汪继南

上饶师范学院始建于1958年，在20世纪五六十年代学校名称先后为上饶师专（上饶师范专科学校）、赣东北大学、上饶师专，以赣东北大学时间为长。本专题叙述五六十年代校史，为文字简洁方便阅读起见，以赣东北大学为题。

黄永辉，中共上饶地委第一书记，兼任上饶师范专科学校校长。
（上饶师院校史馆　提供）

彭协中，中共上饶地委第一书记，兼任赣东北大学校长。
（上饶师院校史馆　提供）

1958年6月，经江西省人民委员会批准，成立上饶师范专科学校。同年9月，上饶工专、上饶师专、上饶医专三校合办首届开学典礼。

上饶工、师医专三校合办首届开学典礼照片（上饶师院校史馆　提供）

上饶师专首届招收文史和数理两个专业，学制两年。

建校初期，学校只有两幢房子：教工集体宿舍和礼堂（兼食堂、饭厅）外加一个简易男女厕所。教学、学习、生活条件非常艰苦。男生宿舍安在礼堂右侧角落，（双人床）用布帘隔离；女生宿舍安在教工集体宿舍。教室租用马路对面畴口村的民房，由于房屋破旧，校方领导担心倒塌，压伤师生，不得不将数理班教室搬到礼堂。这样，教室、食堂、厨房、学生宿舍“四为一体”，全都拥挤在礼堂内，学习、生活条件极差。同学们就是在这种环境里，如饥似渴地学习解析几何、高等代数、微积分、普通物理、初等数学教学法等文化科学知识和教育教学理论。此外，建校舍缺资金，师生还经常参加义务劳动做小工，搬砖、运砂、挑水、拌水泥；还去过抚州山区砍伐木材；同时，师生还要参加政治运动，到广丰三条杠山上挖铁矿石，到市区某工地炼钢铁，通宵达旦守护在土高炉旁。我们这一代人，就是这样度过丰富多彩、多滋多味的大学生活，提高了觉悟、锻炼了意志、学到了知识。

师生们听党的话，思想觉悟高，条件很差，但不叫苦、不怕累，从不说三道四，怨这怨那，也不提任何要求，表现得很坚强。师专的校风是：教师为培养数理班教室搬到礼堂。

方正智校友回忆文章手稿（上饶师院校史馆　提供）

1958年底，根据当时教育形势的发展，上饶地委和行署决定合并上饶师专和上饶工专，开始筹建赣东北大学。1959年2月，成立了以地委第二书记、行署专员黄元庆为主任委员的赣东北大学建校委员会。1959年3月，正式成立赣东北大学。

赣东北大学校门（上饶师院校史馆　提供）

赣东北大学学生证（上饶师院校史馆收藏实物）

中共赣东北大学委员会（通知）001

总号（59）党办字第1号　　机密程度

主送　党委委员、各部、处、科、室、团委、教研组。

抄送
中共上饶师范支部

（共印20份）

本件壹页　中共赣东北大学委员会　1959年4月16日　印发

关于我校党委成立及主要领导人员
分工的通知

经上级领导部门审批准，我校党委于4月15日正式成立。其主要领导人员作如下分工：

秦　央同志任党委付书记、付校长兼上饶师范校长，中共上饶师范支部书记。

曲风来同志任党委付书记、付校长（分列秦　央同志之后）。

杨志受同志任组织部长，参加党委。

马德金同志任宣传部长兼校长办公室主任，参加党委。

特此通知。

中共赣东北大学委员会

1959年4月，赣东北大学《关于我校党委成立及主要领导人员分工的通知》。（上饶师院校史馆　提供）

赣东北大学

关於校务委員会成立的通知

各科（处）、各有关部門：

經上級領導部門审查决定，我校校务委員会由秦生、曲鳳采、楊志堂、馬德星、楊利海、胡葳秋、范成、徐大宇、龙鵬霖、王文彰、呂泳、萬發香、彭为頌、等13位同志組成。並以秦生同志为主任委員，其他为委員，安仲民同志担任秘書。自即日起正式成立，特此通知。

赣东北大学

1959年6月2日

抄送：专署文教处、学校各有关部門、地委宣传部、

1959年6月，《赣东北大学关于校务委员会成立的通知》（校史馆收藏实物，范成教授捐赠）。（上饶师院校史馆　提供）

赣东北大学

校况介绍

1959年6月20日

002

概 况

赣东北大学即將在茅家嶺兴建

各 科 介 紹

003

政治教育科

中國語文科

数 学 科

給应屆高中畢業生的一封信

004

机械製造工藝及其設备專業

水电站建築專業

《赣东北大学校况介绍》（上饶师院校史馆 提供）

赣东北大学是一所综合性大学，设有中国语言文学专业、数学专业、政治教育专业，学制2年。设有机械制造工艺及设备专业、河川枢纽及水电站建设专业，学制3年。还有预科班和附属技工学校。

1959 年 9 月，赣东北大学数学科 59 级录取名单。（上饶师院校史馆　提供）

1960 年 9 月，赣东北大学《高等学校报表》。（上饶师院校史馆　提供）

1961 年 3 月，赣东北大学科研计划表。（上饶师院校史馆　提供）

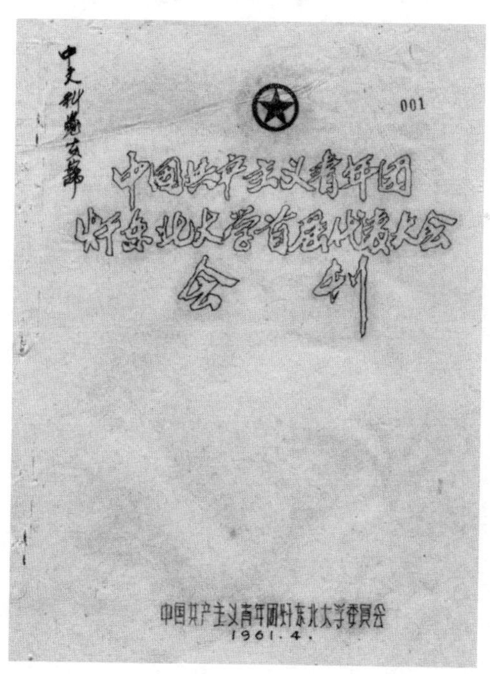

《赣东北大学首届代表大会会刊》（上饶师院校史馆　提供）

1961 年 4 月，赣东北大学首届团代会召开。

毕业文凭

学生 江西省 县( )人
现年23岁，于1959年9月 日
入本校 系 专业
学习，现已学完全部课程，成绩及格，
准予毕业。
赣东北大学
校长
付校长
1961年8月 日
文凭登记第 3 3 号

1961年8月，赣东北大学政教系首届（59级）学生毕业证书（上饶师院校史馆收藏实物，本人捐赠）。

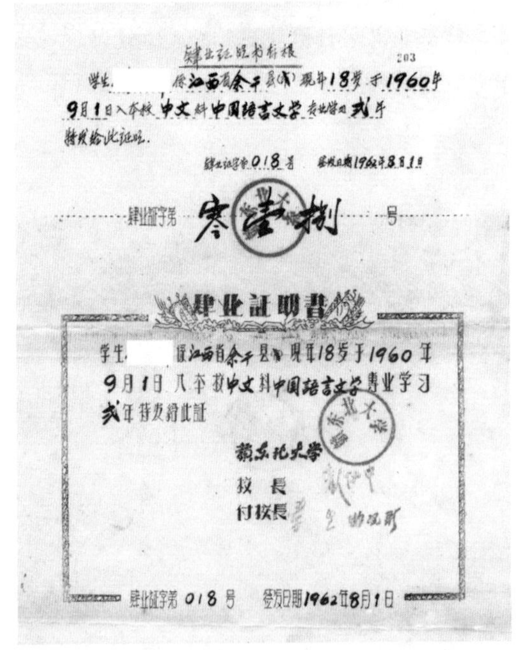

肄业证明书存根 203

学生 系江西省余干县(东) 现年18岁 于1960年
9月1日入本校中文科中国语言文学专业学习贰年
特发给此证明。
肄业证字第018号 发证日期1962年8月1日

肄业证字第 零壹捌 号

肄业証明書

学生 系江西省余干县人 现年18岁于1960年
9月1日 入本校中文科中国语言文学专业学习
贰年特发给此证
赣东北大学
校長
付校長
肄业证字第 018 号 发证日期1962年8月1日

1962年8月，赣东北大学学生肄业证明书。（上饶师院校史馆　提供）

1962年，赣东北大学停办，重办上饶师专。

20世纪五六十年代上饶师专、赣东北大学的办学为赣东北地区高等教育点燃了最早的薪火，积累了基本的经验，是一笔宝贵的精神财富。

1960年7月，赣东北大学中文科首届（58级）毕业纪念。

（上饶师院校史馆　提供）

1960年7月，赣东北大学数学科首届（58级）毕业留念。

（上饶师院校史馆　提供）

1961年9月，赣东北大学机械系58级（首届）毕业留影。

（上饶师院校史馆　提供）

1961年9月，赣东北大学第二届毕业生合影。

（上饶师院校史馆　提供）

照片上写明“第二届”，细说还有些不同，对学制两年的专业是第二届毕业生，对学制三年的专业和59年创办的政教专业则是第一届毕业生。

1961年9月，赣东北大学政教科首届毕业纪念。

（上饶师院校友徐寿林　提供）

政教专业是1959年创办的，学制两年，1961年是首届毕业。

1962年6月，赣东北大学第三届毕业生合影，拍照地点在东教楼南面。

（上饶师院校史馆　提供）

1962年6月，赣东北大学政教60级毕业留念，拍照地点在东教楼南面。

（上饶师院校史馆　提供）

1962年6月，赣东北大学数学科60级一班毕业留念，拍照地点在东教楼南面。

（上饶师院校史馆　提供）

1963年8月，上饶师专首届毕业生合影纪念，拍照地点在东教楼南面。

（上饶师院校史馆　提供）

1963年7月，上饶师专数学科首届毕业留影，拍照地点在东教楼南面。

（上饶师院校史馆　提供）

1963年的毕业照，为什么称“首届”？这就涉及学校的沿革分合了。1962年8月，根据教育部《1962年全国高等学校调整方案》精神，赣东北大学停办，重办上饶师专。1963年毕业的学生进校时学校名称是赣东北大学，毕业时学校名称是上饶师专，所以照片上写了“首届”。

（上饶师院校史馆　提供）

1964年7月，上饶师专中文科61级（1）班毕业留影，拍照地点在东教楼南面。

1964年8月，上饶师范专科学校全体师生员工分别留念暨第二届毕业生合影。

（上饶师院校史馆　提供）

这是校史上一张重要而特殊的毕业照片。1964年，上饶师专停办，全校师生员工分别留念暨第二届毕业生合影，学校在20世纪五六十年代的艰辛办学和探索暂告一个段落。

1980年6月，上饶师专首届毕业生（77级）合影留念。

（上饶师院校友方小春　提供）

合影的地方大概是现在综合楼后面到篮球场之间那个位置，背景中有个水塔，这是20世纪五六十年代建的，这个水塔我们现在还看得到。

77级是恢复高考后的首届大学生，1977年冬季高考（江西省高考日期为12月3—4日），1978年春季入学。

上饶师专77级设有6个学科（艺术学科在鹰潭上清师范办学），分别为中文、数学、物理、化学、体育、艺术，学制三年，1980年12月毕业。

1977年复校后，第一届学生的毕业合影，就是这一次（一般是班级合影为主，也有少量院系合影）。在80年代设施简陋物质匮乏的条件下，组织这样大型的合影殊为不易。

1980年7月，上饶师范专科学校77级中文班全体同学合影留念，背后右边的房子是学生宿舍，背景中的水塔就是现在我们还看得到的水塔，是当时学生用水的地点之一。

（上饶师院校史馆　提供）

合影地点在今综合楼西侧马路那位置。

（作者简介：汪继南，上饶师范学院教授）

倾注于茶山的情愫
——记邓高铃老师

纪树墉

邓高铃先生和夫人刘旭华，摄于2010年10月

茶山的东教楼和西教楼前，有几棵高大的乔木，浓荫如华盖的香樟，枝叶依然葱茏的槐树，这些有上百年年轮的大树，常常给人无尽的遐想。

而我，也常常会想起与之有关的一位难忘的人物，他就是20世纪五六十年代在上饶一中执教的邓高铃老师。那时，我只是一个普通的学生，之所以认识他，一是他是我的班主任刘旭华老师的爱人，还因为他是全校学子交口称赞的教导主任。当年他曾因为赈济灾民和援越抗美，先后捐款三次：100

元、200元和500元（合计800元）。今天的学生可能不了解这三次捐款的数字为何会引起轰动 —— 一是这些钱，在当时的农村足以建一栋房子；二是邓老师和刘老师的每月总收入也不过百余元，还要支付全家八口人开销。其实，更让一些学子感动的是当时的一些来自农村的孩子，因家境贫寒，每月在食堂里总有菜票欠资（几角、1元、2元不等）。为了打消这些孩子的顾虑，邓老师常常自掏腰包，为他们抹平，一年下来也有上百元。而这样的“抹平”，邓老师月月不断，年年坚持，一直到他离开茶山。清泉润泽过的茶叶的芬芳是沁人心脾的，几十年后，还常常有学子来到上饶一中，徘徊在他当年的住处，探询邓老师的信息。当听说邓老师已经在20世纪60年代末下放余江，后来任职于余江某中学和鹰潭师范学校，这些学子又辗转找到邓老师家，回忆当年受到接济的往事，不由自主流下感动的泪水，表达那依依萦怀的感恩之情。

上饶一中校景

邓老的教学管理也是出了名的，他不但教数学和政治，也兼教地理。在五六十年代学术期刊极少的情况下还发表过论文。上饶一中当时在校的老师的课，他都听过。而且每月都坚持听年轻老师的课（每月听课数有时高达六七十节）。因此，他对全校老师的教学特点都非常熟悉，每次介绍都如数家珍。在他的积极管理下，上饶一中成为当时江西省为数不多的名校。

上饶一中内的陆羽泉

邓老师一生热爱学生，十多年前，他和刘旭华老师商定，每月拿出一个月的工资去捐助贫困学子。直到如今他依旧每月出资3000元，定点帮助困难学生。作为学生到邓老家拜访，他一定会赠给你一张《我的人生格言》。邓老不抽烟、不喝酒、不打牌，他自费订阅《半月谈》《时事资料手册》《中国教育报》等，了解时事政治、关心国计民生，写了一本又一本读书笔记；他常常以王顺友、宋鱼水、牛玉儒、任长霞等模范人物为榜样鞭策自己，不断改造世界观、人生观、价值观。邓老说，一名合格的党员必须做到“四要”：认真学好理论知识是根本，出色做好工作是基础，忠实执行党的路线政策是重点，真心实意为人民办好事办实事是关键；必须做到“四防”：防贪、防骄、防浮、防懒。

儿子调到中央某重要部门工作，邓老告诉我们，他专门写信“提醒”儿子：“要珍惜现在的重要岗位、珍惜党对你的信任、珍惜你的光荣历史、珍惜你的黄金年华，要在自己的有生之年为党为国多出一份力，为自己的人生多添一份彩！”

更让人感动的是2010年秋天，已经85岁高龄的邓老听说上饶一中要变更校名，多次询问，多次来电，提出建议，给了很多宝贵的提议。显示出一位老教育家对母校的眷眷之情，更彰显出一位老共产党员的远见和无私的奉献精神。

孟子曰：“所谓故国者，非谓有乔木之谓也，有世臣之谓也。”（《孟子·梁惠王下》）上饶一中这所有百余年历史的老校，也是这样，它不仅仅有一片片的树林，一棵棵高大的乔木，更有那些兢兢业业的育树人。

上饶一中校园内的古树

我常常想，上饶一中为什么会让万千学子念念不忘，不正是我们一代一代的老师传承这样一种重视教育、关怀学子的情愫吗？不正是秉承了我们学校的优良传统，求实向上的精神吗？我们需要的，是从先辈的创造中吸取宝贵的精神财富，去开辟更加辉煌的未来。

今日的茶山，枝叶繁茂的百年榆树和香樟，如伞如盖；枝丫伸展，擎起蓝天。梧桐和水杉，挺拔向上；前辈的情琰如同涓涓清泉，流淌在茶山后人的血液里；一代代的学子会在它的怀抱中去思索、去努力、去奋斗。

此文完成后，感人故事还在继续。邓高铃先生于2015年1月29日因病逝世，享年91岁。让人动容的是，弥留之际，邓老的心里依然惦记着远在农村的特困户们，他一字一句地叮嘱老伴刘旭华说：“春节前一定要替我去乡下看看那些生活困难的老人孩子……”这最后的叮咛，展现了一位老教师、老共产党员的殷殷情怀。2015年2月9日，邓高铃先生逝世不久，刘旭华老师便遵从他的遗愿，冒着严寒来到贵溪市鸿塘镇，将4000元现金亲手递到特困户叶长林、卢长根等人手中。80多岁的刘旭华老师深情地说：“多年啦，都是邓高铃来看大家，前些日子他永远离开了我们。今天，我是替他来看望大家的！向大家问声好、拜个早年……”当地的人们都清楚地记得，从1990年退休至今，邓老每年拿出两个月的个人工资并亲自送到镇里的困难群众家中，已整整持续了25个年头。

上饶一中88届校友“百年树人”铭石

（作者简介：纪树墉，上饶市一中语文特级教师）

百年树人　育英成樟

——上饶市第一小学百年印记

程一红　梅国娟

在大美上饶，有这么一所学校，近百年的悠悠岁月里，她见证了一代又一代人的使命与奋斗，留下了不少传奇与故事；她深深萦绕在饶城百姓的心中，与信江河相知相伴，一同孕育着这方土地上的人们。

她就是江西省上饶市第一小学，成立于1921年，始称辛酉学校。后历经数次更名，1974年改称上饶市第一小学。近百年来，虽曾“十易其名，四迁校址”，但是这所与中国共产党同龄的，诞生了上饶市第一支少年先锋队的，有着光荣革命传统的近百年老校，在历史的风雨衰盛中不改其志，不断地绽放出属于自己的一片桃李芬芳。

上饶市一小旧影

这里，就是江西省上饶市第一小学。这里有敢为人先的教改先锋，孕育了一批批优秀人才，也不忘革新，与时俱进，集文化底蕴和教育实力于一体。时至今日，她裹挟这厚重的文化传承，历久弥新，凭借强大的实力，助力信州教育，是时代的“弄潮儿”。文承百年，化古育今，传奇永不落幕。

百年香樟，百名良师。校园内风景优美，文化氛围浓厚，教育教学设备先进，功能教室装配齐全……回首间，百年芳华犹在眼前，印刻在我们的心中！

文化品性是百年之基

已是四世同堂的退休老师夏老这样回忆道：一小一直都是我们上饶人心目中公认的品牌学校，是我们的骄傲与自豪！我们祖孙四代都在一小读书，一小就是我们的摇篮，是我们的文化之根基……记得那时候还只是瓦房，现在已是漂亮的现代化多功能教学楼了……但走进校园，还是那么熟悉，那股气息没有变，而且更加浓郁了……这里出去的人大多都不赖，我的子孙后代都要在这里读书。最后，夏老还骄傲地提起，他的孙女还是在这里任教快20年的英语老师呢！

金龙岗小学时期“六一”儿童节运动大会合影

学校文化是一所学校赖以生存和发展的重要根基和血脉，也是学校间相互区别的重要标志和特征。学校的办学方向是什么？要为社会培养什么样的人？学校的办学理念、文化精髓引领着学校的发展方向和办学品位。

百年来，历任校长无不倾心于此，殚精竭虑，只为不断完善，追求卓越。2011年7月，自程一红书记、校长任职以来，更是将校园内涵与文化的可持续发展当作必修课题，全心全意落实到位。程校长常说："这所学校于我而言就如家一般，我的父亲把一辈子都奉献给了这所学校，我从小就在这里长大，每日耳濡目染，老教师们的风范早已潜移默化地影响着我、熏陶着我……校园里的百年香樟见证着我们的成长与发展，我喜欢在树下读书与思考。作为一所百年老校，自有其文化传承和历史积淀，传扬出好的教育意义……"

上饶市一小校园

在程校长的精心设计与指导下，学校汲取校园内百年香樟"抱团成林、驱虫防腐、四季常青、俊秀飘逸"的特点，升华为"团结合作、清正明达、终身学习、追求卓越"的文化精髓，确立了"做最好的自己"之校训，创立了"分工合作、分级负责"的校园管理精神内核，创设了"六横六纵十九点"管理体系。

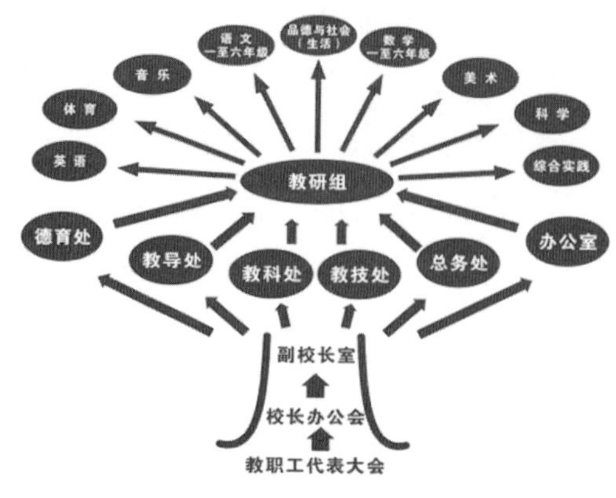

“六横六纵十九点”的管理体系图

“从立德树人的角度看，抓好孩子们的习惯养成教育，系好他们人生的第一粒扣子，比其他任何事情都更为重要。”基于程校长多年的教学经验以及对学生多年的细致观察，伴随着她对教育理解的逐步深入，她和她的团队们设定了“好习惯成就一生”的办学理念和“为学生终身发展奠基，为教师专业成长铺路”的办学目标，开创了“1965”全员育人的大架构，即一个核心（好习惯成就一生），九个维度（九大好习惯），六条路径（环境、课程、活动、教育科研、班级管理、家校合作），五大目标（培养文明少年、智慧少年、阳光少年、书香少年、艺术少年），倾力打造“香樟文化”，培养“香樟良师”，培育“香樟英才”。

上饶市一小校园内“好习惯成就一生”铭石

百年树人，育英成樟。校园文化是一所学校的灵魂。围绕“好习惯成就一生”这一办学理念，系统构建相应的理论指导体系和实施维度与路径，办饶城百姓满意的教育，上饶市第一小学闯出了一条基层学校的特色办学之路。

风气生态是百年之本

学校自创办以来，曾冠以“重点校”“示范校”之称号，成为当地百姓口中的小学“金字招牌”。20世纪80年代废止此类称号做法后，学校追求卓越、不负韶华、只争朝夕的前进步伐从未停止过。

著名学者夏丏尊先生认为，学生应读的书要具备两个决定条件：“做普通中国人所不可不读的书；做现代世界人所不可不读的书。”学校在早期就非常重视学生的课外阅读，通过营造浓郁的书香气息，丰富学生的精神生活。程一红校长上任以来，她着力开发“七色花”阅读考级活动，带领全体语文教师收集整理与小学六年配套的阅读经典，有必读书目、选读书目等，不乏中华传统文化经典之作，更有中西经典著作，天文地理、历史政治……所选书目范围之广、内容丰富，涵盖方方面面。书香校园氛围浓郁，书香少年层出不穷，广受社会各界好评。

在一所学校里，校风、学风无处不及，其力量最大、影响最广。学生置身其中，会在不知不觉中受到驱策，这便是所谓的“风化”。

“厚德润雅、融合创新”是香樟一小的校风。每一位师生都在“香樟文化”的熏陶滋润下，养成良好的品德与雅美的言行，以开放包容的心胸，不断推陈出新，形成师生美美与共、融合而生、创新发展、向上生长的阳光气象。

“明理养正、慧学健行”是香樟一小的学风。香樟学子们在“香樟文化”的引领下，树立正确价值观，通达明白事理，养成良好的行为习惯，形成健全的人格素养。通过智慧的思维、合理的学习方法，不断进取求学，自强不息，勇于实践，从而“苟日新、日日新、又日新”，不断实现新的发展。

上饶市一小学生阅读活动

“学会做人、学会做事、学会求知、学会共处”是培养目标，它促进学生发展核心素养，形成适应终身发展和社会发展需要的必备品格和关键能力，引领着我校学生通过践行“做最好的自己”，以实际行动来实践其丰富的内涵。

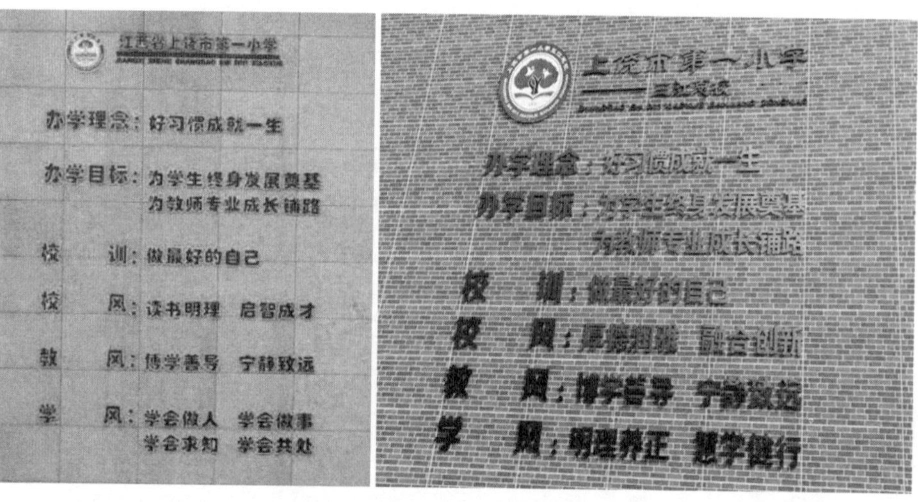

上饶市一小校训

为保障优质的教育生态，应注重发挥隐性课程的教育价值。在学校课程范畴之中，“校园环境”这一隐性课程的作用蕴含着巨大的教育力量，它无处不在、无时不有，学生置身其中，深受陶冶。

上饶市一小校园掠影

“香樟树下好读书！”阅读长廊、朗读亭、好习惯长廊、德育长廊、法制长廊、科技长廊等文化景观，匠心打造。学生徜徉其中，常常流连忘归。各教学楼分别取名为“启智楼”“明理楼”“清雅楼”“致远楼”“香樟苑”等，富有文化意蕴，令人感奋激励。香樟学子们学习生活其中，无时无刻不感受到中华优秀传统文化的熏染。学校还设立“香樟讲坛”，常常邀请退休老师讲述前辈们的师德师风好故事，教师们在熏陶和洗礼中感悟高尚的教育情怀和大爱的无疆境界。

合作创新是百年之魂

在新的时代背景下，面对各种办学挑战，努力突围，积极寻求变革。挖掘出传承学校文化密码，高效推进百年老校新发展。通过挖掘整理校史，发现学校的文化密码——合作与创新。

没有文化底蕴的学校，不是真正意义上的学校。对于一所百年老校来说，只有明白“自己从哪里来”，才能清楚“自己往哪里去”。对于百年老校来说，当务之急是加强对学校历史的挖掘和整理，要通过回溯学校的发展历史，厘清自身的文化脉络，发现学校的文化密码并做好接续发展。

上饶市一小教职工合影

前任校长王饶萍说过，咱们学校历来都是饶城教育的标杆，带头做示范，在合作中引领全体师生共同进步、不断进步。主张推陈出新，力争“人无我有，人有我优，人优我特”。

通过“接着讲”促进学校文化的有效传承发展。先前，一些教育前辈提出的办学思想立意颇高，切中教育的本质，符合教育发展的规律，至今仍不落后；有些只是提法与现代略有不同，但其内涵依旧不变。因此对于百年老校来说，学校文化建设更多的应该是传承和发展，而不是随意地丢弃和刻意地创新。百年老校的发展无法躲避历史，要学会“接着讲”，而不是“照着讲”或“躲着讲”。

我思故我在，合作创新正当时。程一红校长说：“作为百年老校，我们既要做好传承和发展，更要做好发展与创新。没有优秀的个人，只有优秀的团队。”

近年来，上饶市第一小学创新了工会的“天天提案日”，还设立了每月的“答复会”，鼓励教师“全员参与、共同管理”，做到民主透明，职责分明。立足课堂主阵地，关注每一位学生，把学生放在课堂正中央，语文阅读“1+1”、数学思辨“1+2”，英语绘本、美术版画等学科智慧课堂教学由此诞生。“团队合作，知行合一。”在教学研究中互帮互学，香樟良师共享集体智慧，提升专业能力。与此同时，研发“香樟课程体系”，该课程体系独具香樟一小特色且涵盖了“基础性课程、拓展性课程、研究性课程”三大方面，融入大中小课堂，摒弃以分数评价束缚成型的千人一面的“人工林”，使每一个孩子在一小都能找到自己合适的土壤，生长成个性张扬、千姿百态的“生态林”。

拓宽“德育考评模式”，把高高在上的德育说教变成接地气的富有童趣的“五净”德育考级和“五彩精灵”队活动，把德育终结性评价变成过程性引导，把“有意义”的少先队主题活动变得“有意思”。编印了《上饶市第一小学学生德育手册》，让学生们“一册在手，好习惯跟着走”。创新“劳动实践评价”，根据学生的年龄特点，设计不同年段的劳动实践作业，把劳动教育真正落细、落小、落实。劳动考级强技能，让每一位孩子在劳动中学会创造和分享，收获快乐和幸福。

上饶市一小学生活动掠影

打造“五大节文化”。每年一届的读书节、体育节、文化艺术节、科技节、教学节自成体系，为师生搭建展示“最好的自己”的舞台，让每一位孩子享受幸福的教育，让每一位教师享受教育的幸福。

上饶市一小学生活动掠影

2020年，上饶市第一小学正式开启“一校两区”新时代。新建立的三江总校与金龙岗校区遥相呼应、齐头并进，构建“一校两区”发展共同体，形成一体化办学的新局面。

上饶市一小金龙岗掠影

漫步在金龙岗校区，常年绿树成荫，和谐自然。早春梧桐吐绿，仲夏紫薇烂漫，金秋丹桂飘香，隆冬蜡梅展颜，是一座书香浓郁、文明和谐的花园式学校。也许你会因百年香樟的古老沉淀而魂牵梦萦，你也会因那成片盎然的爬山虎而流连忘返……

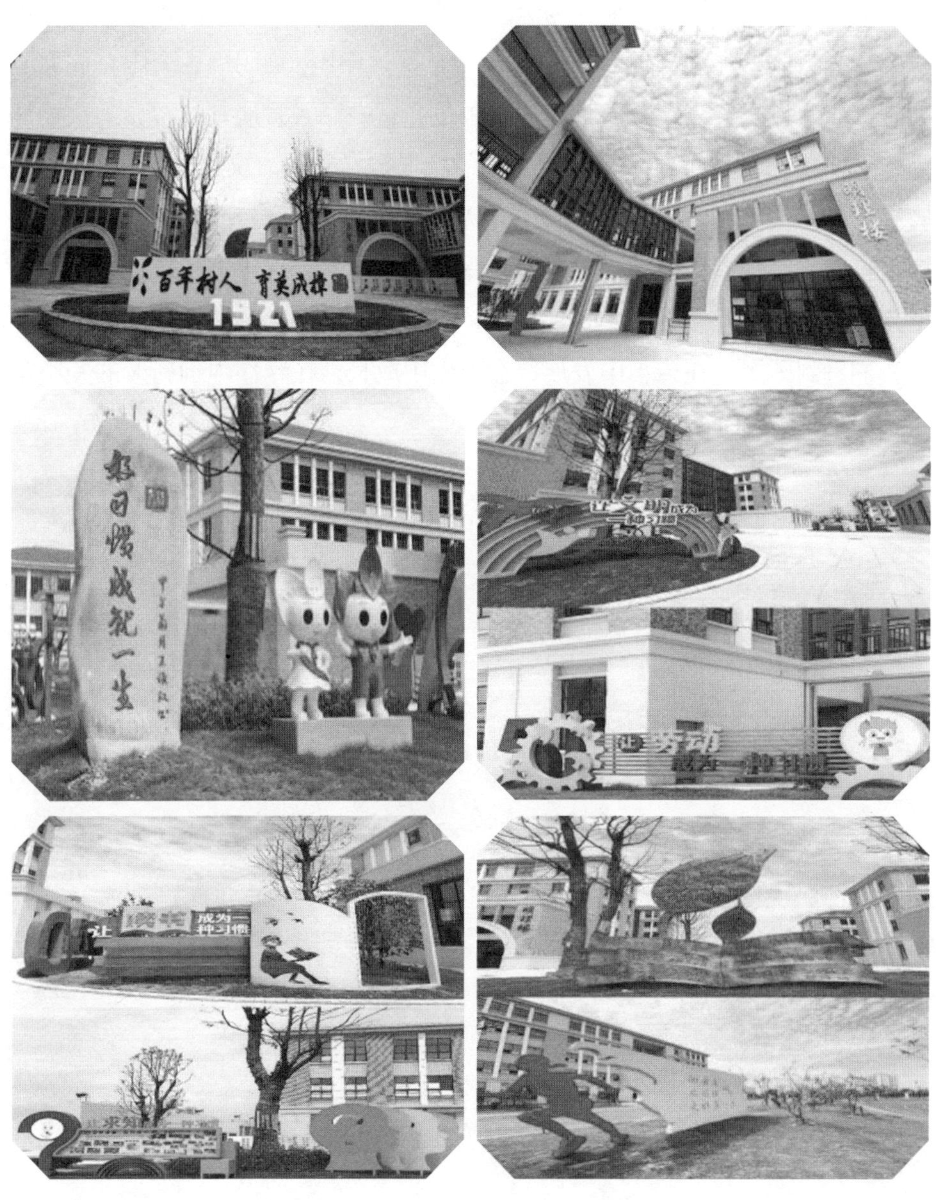

上饶市一小三江总校

徜徉在三江总校校区，时代新元素与科学新技术融创结合，校园微雕塑成为最亮丽的风景线，是一座有颜值更有内涵的新学校。你会因操场上活力四射的学生动了心弦，你也会因教室里尽心尽责的老师而爱上这里……香樟一小正在不断与时俱进中，在新时代下发挥着自己的优势与特色。

上饶市第一小学先后被评为全国精神文明先进单位、全国课题研究先进学校、全国体育先进学校、全国雏鹰大队、全国巾帼文明岗、全国首届文明校园、江西省厂务公开民主管理先进单位、省内涵式发展基地校、八次被评为省文明单位、省德育示范学校、省绿色学校、省语言文字规范化示范校、省关心下一代工作先进集体、省少先队工作示范校、省校园文化特色校、江西省首届文明校园……学校曾两次接受国家级教育督导评估，曾代表上饶市信州区承办全国儿童伤害干预现场会，获得高度赞誉。每一个荣誉的取得都让我们看到一个“在传承中发展，在磨砺中成长，在合作中创新”的一小正不忘初心、阔步前行！

（作者简介：程一红，上饶市一小校长；梅国娟，上饶市一小办公室副主任）

【丹青追忆】

信水悠悠堪梦回

——我的上饶记忆

江平

1988年9月，我带着上饶师专的录取通知书，从婺源坐长途客车抵达从未到过的上饶地区行署所在上饶市，即今信州区。那辆客车较旧，几乎全程砂子路。开出婺源县境时，我心里陡然飘忽——此去上饶，是我闯荡生涯之起点。

上饶汽车站、火车站

那时赣东北没通火车的县较多，位于上饶市解放路北部的长途汽车站，是上饶师专接迎新生的主要地点。那个车站基本是水泥色，候车室也灰头土脸。站外街面杂乱，紧邻的火车货运站内充斥各种吊架、罐车、煤堆，哪能与婺源东门车站面对的青山菜地、绿水木桥相比？我遂于只考入师专的无奈中，再添一缕低落。直到坐上那辆两厢环扣、可以中弯的新派大气长校车，才稍感安慰。途经的市心广场、赣东北大道、大楼、大桥，也才有点城市格局。

江平速写

直到高中毕业，我对上饶仍十分陌生。童年时买过一分钱一颗的水果糖上印着产地上饶，一度定式地以为：水果糖是上饶做的，我吃不起的奶糖才是上海做的。接到上饶师专录取通知后，去问上饶下放的人家，才确定上饶无飞机，只有火车。

入读师专后的某星期天，我和两个婺源同学特地到火车站看火车。我们只能从出站口外，看到几十米远的一小段火车车厢，仔细打量车厢衔接处及底下的粗壮铁件，边看边讨论，与早年乡下人进县城类似。

我第一次乘火车，是1989年“五一”节来杭州看仰慕已久的浙江美院。那时上饶市区到师专的公交车少得可怜，晚上只有一趟校车，所以头天趁早吃晚饭后就挤校车到广场，再走到远远的火车站。为避免在杭州过夜，排长队买了午夜后上车、清晨抵杭的票。

我独自在站前大街溜达了好几遍。听说那一带治安事件频发，于是昏暗路段不去，也不敢理会兜售者。考虑到车上无座、到杭州又必定不停游走观摩，乃几度在站前长阶上小坐。晚风生凉，瑟缩更口渴。那年头没矿泉水，哪怕有也不舍得买，宁可忍受。直到深夜，才去对面小店吃一盘炒粉，把那小碗汤喝光。

江平与家人合影

那夜候车室人很多，遇到也去杭州的婺源同届考入师专的江进民等两同学，乃结伴上车。上饶站的远途过路车，都无座票。车上连稍宽松的站位都难觅，空气差，刚挤进去还直冒汗。一路上我们说说话，尚不觉得太孤单。

回程我独行，车票是在杭州站排更长队买的，以为起点车定有座票。快轮到后，才看到窗口标示

“座位票限萍乡以远”。我在其后近10次由饶赴杭，几乎全是站着往返，因白天看展览只能站，傍晚上走西湖、逛画廊及晚上拜访画家，更是站，所以后半夜回上饶的8个多小时再持续站立，双腿极酸，到上饶时都是浮肿的……

上饶汽车站，也有我的一份沉重记忆。约在我留校任教后的1993年，下颔又长个疖子，肿大化脓，该是连日早餐吃油条、休息不足影响免疫力导致。母亲得知，由三姐陪同来看我，那是她第一次离开婺源。她大半辈子没坐过几次车，一路晕吐。母亲见我住处竟简陋得像农家宅，旧衣老单车也极寒酸，很感失落。凑巧她又感受到我隔壁的女教师性格强势，认为我在这样的人群中将来会很难相处，更加深了顾虑。为不想给我增添麻烦与开支，她们只待了两三天就要回去。

我送她俩到长途汽车站。母亲上车后，想着来时憧憬着我该有的好环境已大失所望，打量着车窗下送行的我又是疲惫与粗糙，远不如县里常人家的儿子，遂黯然神伤道：“你这样的日子，哪里像是生活？还怎么成家？”劳苦的母亲只认一个理：善，该有善报啊。

三姐不想引起同乡的好奇，劝说母亲打住。母亲受此一激，反而霎时泪如泉涌、吐出她最根底的感慨：“我苦了一辈子，想不到我儿子更苦！”这是知子莫如母者的担忧，是她始终要我们做厚道人，而现实往往是厚道人更苦，此系千古之无奈与天问。但我也不愿同乡乘客来评议这种复杂事，只朝母亲半开玩笑地宽慰：“把心力花在身外之物上的人，怎么配做你的儿子？……”

我这句话并未奏效，母亲不再说话，却愈加百感交集、涕泪横流。三姐赶忙递上手帕时，车开动了。车拐出视线后，深感无奈的我也已泪目，灰苍苍的上饶汽车站一片迷糊……

水南的居民、文具店、招办、煎饺等

我在师专的八年几乎是每周单休制，周日上市区的人太多。校车班次少，公交更难挤入，很多学生徒步上市。

滩头村 有一条稍近的小路，是穿过师专斜对的畴口村，抵河边坐渡船到对岸，再穿行大片菜地、七拐八弯穿过滩头村人家，最后通到河坊街上。如此来回，耗时且累。师专生基本来自农村或清苦城镇家庭，都盼趁读大学

打开眼界、多看繁华高楼大厦，上市区竟这么难，有些失望。

我如今想来，恰恰是这些周折才使得我们能零距离耳闻上饶近郊农民和水南街草根老市民的纯正方言，目睹本土民居与日常习俗。这是可贵机缘啊。

文具店 我中学是用着自制的小画夹，去师专后，马上去水南街国营文具店买了一个新的，也大一点。我很快发现因无画架，作稍大的画仍不便，必须再买块大画板。所以，第二周又去那文具店。大画板只有一块，标价29.7元，是青年职工一个月的工资啊！我舍不得。想想我家的钱是靠着辛苦种菜养猪一分一毛省出的，而习画的花销如此不堪承受……原路空手走回时，心情说不出的糟糕。

可是没大画板不行呀，还担心随时会被人买走。一周的内心煎熬将崩溃。到周日，万般无奈又一次长途前往，一进店就直接叫取。回程抱着那块画板不便走小路，是走大路绕弯经前进桥的。一路上心疼着这么大的花费，内心五味杂陈……

地区招办 水南街中段，西侧有地区招办。师专大一暑期我独自留在校内习画。刚报到的唐倩老师意外发现我，听我说备战美术高考，她提示好像大学生不能再考的。这令我震惊。

江平速写《水南街》（江平提供）

忧心忡忡的我等不及公交车，步行直奔水南街。畴口村渡不确定有，我又是走大路、从前进桥绕弯去的。傍晚赶到招办，谢天谢地楼里还剩一位先生：“这是显然的呀，在编大学生还能考大学？那岂不乱套了吗！如果一定要走这步棋，只有先退学，按规定还要间隔一年……”

我无法形容走出那栋楼的心情。至今仍记得一路大汗赶到的我渴得厉害，可是我唯独记不起走出招办院门、在斜晖中原路返回的任何细节。当时我心境低落，以致神志恍惚、记忆“死机”。见证我上述经历的沿途景物早已更新，唯独地区招办那栋旧楼的上段，在我次年的一幅速写中，清晰可见。

水南街速写 我不得不接受此生将无缘于美术科班的现实，停止了应试的素描、水彩。国画创作一时难上道，苦闷中四处游走、大画速写。上述那张画于1990年5月20日，主体是招办南边的修车铺。同时画了那位瘦弱可怜的补胎小学徒，还有车铺对面菜场的各色人等：顾客在挑拣；卖家在打秤；卖完收摊者离开的脚步轻松欢欣；无人问津的摊主们也没闲着，或在调教幼子，或在编织毛衣；一位老太拎菜躬身的背影，似乎菜很沉，实则是她本来就佝偻……

我捕捉到的每个人的动态都很日常，却往往生动。勾写的对象，普遍是我所怜、所喜、有所感触的。我的抓形能力尚可，成功率较高，以致那些天只要没课，我都上市区去画。汽车站、火车站必到，或坐或卧的旅客、扫地的保洁员，还有兜售旅行包的、推车卖水果的、站前饮食店里擀面的、摊上吃炒粉的……三教九流，什么人都画。

江平速写《白发谁家翁媪》

端午那日，我再次前往水南街中段。又发现街边枫杨树下两位小脚老太悠然闲坐，她俩仍穿着棉袄，头发之雪白，与座椅的深褐色鲜明反差，我赶紧勾画。这张以辛弃疾名句“白发谁家翁媪”题款。据说女子缠足始于北宋后期，如果辛稼轩看到了第一代裹脚妇，则我在他隐居的上饶画下的，是史上最后的三寸金莲。这幅速写，后来受到浙派大画家曾宓及其助手的格外称赞。几天后，我去车站画旅客，然先在人行道看见俩穿拖鞋的老汉，在店门边下象棋。戴老花镜的那位系着围裙，是面点师傅，坐的旧竹椅靠背完全残

江平速写《对弈》

缺了；另一位体大，将就坐幼儿小木凳，同样有点别扭而呼应成趣。下棋动态稳定，我就用了较细致的白描法。这张与水南街俩老太乃天赐“对仗题材”，均系那个年头最具生活气息的上饶老街坊情景。

我速写画集中有幅《水南印象》，是大三某乏味大课堂在笔记本上，凭印象画的水南街北段西侧几家老店铺。先画一棵树，然后生发开来，气氛如实，又因是靠在桌上完成，线条另成一种风味。

清真煎饺店　我留校任教后，骑车途经水南街停留最多次的，是招办那边略偏北的一家清真煎饺店。不宽但纵深的老旧平屋，店家是老、中两代人，极和善的北方口音。他家煎饺是韭菜拌细粉丝馅，捏合褶纹仅成一只角，别致、味好还便宜。我上市返程总在那吃水饺当晚饭，有时兼为活动下肢与眼睛，也傍晚专程骑车去吃。这户人家，是我此生最早接触的回民，他们忌肉包与馄饨，仅以免费的茶水供客人佐食煎饺。

公用电话　因这家煎饺有时供不应求要等待，我偶或在他家南邻的杂货店去打公用电话。印记最深的，是某次问候住在地区文联的胡润芝先生，我说那天事多不便去看他，特以电话问安。没想到，胡老说正想告诉我一件事。

胡老见我乡土速写之可爱者，会情不自禁嘱我代勾于宣纸，而后他亲施笔墨成国画作品。很遗憾他戏称“我们合作”得最好的第一组画，被一个有体面身份的客人偷走了；因偷窃者发现那批画只落了款而未盖印，乃同时偷去两方胡老的名号印章。胡老痛惜不已：“你洋口采风来的那张《清汤担子》，我画得很得意的啊！……”他简要告知这事并嘱我马上重勾那批稿。我遵嘱重勾了送过去，他才详说了被偷那天的细节与无奈。他后来重画了，但再也找不到原本的鲜活感觉，总不如初稿。

广场的“牛皮鞋”与首次市心速写

在那时，信江大桥一带及水北街区才算市心。20世纪八九十年代之交，城镇仍是公有经济为主，已准许承包经营，纯个体经济也已不少。上饶市心广场统一搭建了平房店面。个体店家热情主动，态度平淡的是公营大店的广场销售点。

我中学曾有一双糙面大皮鞋，母亲说那与中文大学生太不相称，嘱我到上饶自己买双合适的。1988年国庆节，我特意上市区选购。抗建路边的大商场人山人海，各类皮鞋贵得很；转到市心广场，东面一家柜台里有双中跟棕色皮鞋，标为“牛皮，总统鞋”，英气又庄重。但价格31元太贵，尽管试穿很满意，终究不敢买。再转其他店，都没合适的。在已经买了大画板后，我尤其无法再来一次奢侈，所以那天我也是空手回校。

江平速写《上饶广场一角》

问题是，汗脚天天穿球鞋真不行。校内小商店只有一双样式平庸、标价17元的高跟猪皮鞋，深咖啡色我不喜欢，更别扭于时兴的高跟。再一轮买与不买纠结后又到周日，我咬咬牙，还是赶到市心广场去买下了那双。刚穿上的感觉真不错，自我安慰：挺厚的牛皮，至少比猪皮耐穿得多，可能也值。想不到，次日，这双鞋的前部侧面就出现裂纹；第三日成了裂口，所谓牛皮的断面，绝对是人造革！

那时我根本不知什么消协维权，只能自认倒霉，痛骂吸血鬼的商家太恶毒！两天后，不得已的我买下了师专那双17元的。真皮牢固多了，那双我一直穿到师专毕业。

我以前误以为首次上街头画速写是1990年3月18日，近年意外看到1989年6月14日画的那张上饶广场一角，才浮现起真正的第一次经历——因并无能画好的把握，那天是趁烈日午后路人少时画的。为尽量从高处立足，是站在广场西北角市文化馆院门外西侧人行道拦车的水泥桩上勾出景物轮廓，然后下来画细节的。题为“印象”，效颦莫奈那幅《日出》，实属不当。因毫无对景速写的经验（之前画景均非速写），自己很不满意这幅，返校后毅然从左下斜上划出了一道粗长线，并写上判词“烦琐散乱”，算是作废。可这幅至少不失档案价值，我尚未见过这个角度的上饶老照片。

个体户方兴的市心街巷

或因上幅失败，到1989年9月，我还没底气直接去画市心，仅在水南街菜场画了一幅嘈杂人景。这幅笔调自如，气氛也出来了。画中远处人头是即兴添加、以壮气场的，场地实际没那么大。1990年春，我画了较多的市区风物速写。

江平速写《上饶水南街菜场》

赣东北大道 1990年3月18日，先在赣东北大道东侧广电大楼下，画隔街对面的大众菜馆那块。那是市区最中心，看上去非常纷杂，主体虽是老旧房子，却是我最喜爱的一处。

我始终是站在路边画的。时当开春周日，那些年美术生极少，好奇而旁观者不断，但很快会离开。唯独有个男的一直默默看着不走。见我画完最后一笔，他突然有点恭敬地问：“你是哪儿来的？我想拜你为师，可以吗？”我顿感意外，他气质文俊，大我七八岁。遂回他说，我只是路过的外地书生，自己苦于无师，岂敢为大哥师？他听了，一把夺过速写本，我大惊！他翻到速写本最后页，径自抽笔写下“上饶地区修配厂，黄良松，3407”。那字灵气，也鲜活，表明那时上饶电话才区区四位数。他还回本子时不容分说地声明：“交个朋友！我是本地的，在上饶有困难就找我！”……这幅速写不仅记录了旧景，还见证着两位大小书生的一面之缘。

江平速写《上饶街景》

江平速写《上饶信江桥》

福星巷口弄堂 当天画完那幅后，我移步至大道东面的福星巷口，画了通往江边的那条较僻静的弄堂。应该就是紧靠赣东北报印刷厂的，还在市心地块。可是弄堂里分明就靠着两家的人力大板车，可见那时市心还住着部分劳苦居民。

黄道墓、信江大桥 下午，我转到信江大桥南的烈士塔小山，先画了临江的亭台，再去画黄道墓旁的老墙屋。继而折回山道，把信江大桥和赣东北大道区块，画在同一幅面里，也挺耐看。而那条起伏山道，也被我以简略笔法画下了。

江平于黄道墓前留影

黄道墓旁有游说拍照的人，5元一张。这天的速写每张都发挥得到位，我心情极好，有理由奖励自己，才留下一张几天后去取的彩照，无比珍贵！

信江中路　五天后的下午无课，我又去市心，画信江中路。那是与信江大致平行的较窄长街，东通到大众菜馆、福星巷，西达火车站边。沿街基本是错杂老房子，种种个体小店铺、小作坊毗邻，两边小弄里住着男女老少土著居民。纵横高低吊挂穿梭的电线、电话线也烦琐纷乱。街面人流兴旺，自行车、摩托车、货运三轮车、大板车混杂。因商品丰富、价格便宜，来此购物的周边农民也多，他们的淳朴面容、双手与装束，以及携带的扁担、箩筐、麻袋等乡土工具，与沿街老屋更和谐。这种场景令我倍觉亲切，这份欢喜中站在街边完成的那张速写画，再次成为佳作。

1990年下半年，我去玉山樟村实习回师专直到毕业的课外时间主要忙书法国画创作，曾将这幅速写改成的一幅略施淡彩的大写意国画《上饶古街》，胡润芝、黄永勇等上饶名家都予以嘉勉。后在当时热门的《中国校园文学》杂志封底刊出，其意义不在高达30元的稿费，而是它成为我此生第一幅正式发表的画作。

江平速写《上饶街景》

江平国画《上饶古街》

信江东路胜利路口 1991年9月初，我开始在师专任教书法。7日晚饭后，骑车赶去拆迁中的信江东路胜利路口。老屋尚在，部分人家已搬，一些舍弃的旧家具散立路边，出来闲逛的居民基本是工人或个体劳动者。他们发现我画老屋，陆续围过来看，不断问：画去做什么用的？会不会上电视？我不愿分神理会，他们中却自有猜测代答者、打趣逗乐者。这张速写，我视为大众菜馆那幅的姊妹篇。

1993年前后，政府在解放路中段建起了店面齐整的现代商贸中心“白鸥园”，以卖服饰的为主，一度也热闹，可老城的市井特色毕竟了无。

江平速写《上饶街口》

东岳庙、钟灵台 画过那些我偏爱的街景后，我就很少再画上饶市区。1995年4月底，我倒是带上速写本骑车去了东岳庙。不料那边可画之景无几，画三四张后折回信江大桥时还早，于是去桥北的沿河公园，逸笔草草地速写了一张对岸的钟灵台。

再续信江缘

1996年夏，我从信江之滨调到西子湖畔。其后几年，我曾三度匆匆回上饶看望胡润芝、黄永勇先生。他俩去世后，我以为此生与上饶永别了。人事难料，婺源老家的我父母临终前竟入住上饶某护理院。2016年我重踏前述故地，草吟《上饶街头访旧踪》寄慨：

昔日书生今半老，当年菜馆药新堂。
大哥修配询添怅，税厦经行叹感伤。
画里长街形貌改，眼前小铺亦琳琅。
隔江独对青山影，台阁无言信水黄。

上饶市规划馆陈列中的江平速写作品

2019年春，上饶规划展示馆在内部陈列均已告成时，得知我画过大量上饶旧风物，仍特意联系到我，在一处通道两侧的洁白墙面用上了7幅。早年速写能作为上饶的特别档案，以一角朴素宁静的画面，调节于绚丽纷呈之间，可作对比，可供怀旧，足慰我心。

（作者简介：江平，杭州师范大学副教授，中国书法家协会会员）

郑兴昌笔下的信州古建

刘小国

水有源、木有根。信州区其实脱胎于上饶县，1949年5月3日，上饶县解放，县城广平镇及附近部分区域析出建立上饶市（县级）；1993年5月，经省政府批准，原上饶县沙溪镇、灵溪乡、秦峰乡、朝阳乡划归上饶市（县级）管辖，从而确立了现在信州辖区的版图。

郑兴昌绘《现学旧第》

上饶县是上饶市（唐宋信州、明清广信府）的首县，随着城市化、现代化发展进程，如今成为地级上饶市的信州区、广信区。由于信州区为“老上饶”，实为城市发展之母；上饶历史上的文物建筑、文化遗址，大多集中在信州城区，成为城市文化之根。

为了保留历史记忆，传承城市文脉，发展城市文明，上饶市在文物保护与利用方面不断推出新的工程。上饶焦墨画家郑兴昌秉持文化情怀，关注上饶之根，以如椽之笔记录历史文明。

“理学旧第”是明代理学家娄谅的故居，距今已有500多年的历史，是饶城传承至今最古老的民居建筑，现为市级文物保护单位。娄谅故居位于上饶市信州区水南街娄家巷，巷名即源于娄谅故居。目前，水南街正在进行大规模拆迁，将建上饶地标性的历史文化街区，娄谅故居属于拆迁对象，但重建时将以“拆旧如旧”之原则，重现理学旧第之风采。

理学文化是“上饶十大文化”之一，以南宋朱熹为代表性人物。明代娄谅（1422—1491）为上饶县人，从小勤勉好学。明景泰年间考中举人后，短暂为官，后告归上饶老家，以读书讲学为业。娄谅无意科举，因为他认为“率举子学，非身心学”，他的人生志趣在于学术研究，其思想近于宋代陆九渊。“陆王心学”的集大成者王守仁（王阳明），18岁时曾专程求教娄谅，娄谅授之以宋儒格物之学，谓“圣人必可学而至”，王阳明深受教益，终成一代大儒，娄谅也被称为“一代儒宗”。

其实，娄谅家族在上饶原是世代旺族，其先祖还得从唐代说起。唐初，娄谅的先祖娄曜任上饶尉，娄曜子娄璜生子二：娄师德和娄师道。娄师德累官至御史台中丞，为唐高宗、武则天的重臣。两宋时期，娄氏出过7位进士。到了明代至娄谅，成为儒学大家。娄谅的儿子娄忱、娄性都是明代著名理学家、教育家。长子娄忱是明成化年间进士，曾任兵部郎中等职，后辞官传父学，从游者甚众。娄忱有一个女儿后来成为娄妃。

娄妃是娄谅的长孙女，嫁给宁王朱宸濠为妻，是明代才女、诗人和书画家。她少女时就以博学多才、善诗文、工书画、通棋琴而声名远扬。宁王十分钦佩娄妃的才艺，在南昌百花洲为她建了杏花楼，还延请苏州唐伯虎做娄妃老师。后来，朱宸濠谋反，而又恰恰是娄谅的学生王守仁打败了宁王，娄妃在苦劝宁王无果之后赴水而死，娄氏家族受此影响颇巨。

“理学旧第”是一座三进两天井的古建筑，属赣东北民居风格，占地面积超过600平方米。在红石青砖砌成的牌坊式大宅门上方，“理学旧第”四个楷体大字镌刻在一块雕着缠枝纹的青石上，据传，这是皇帝当年御赐的匾额，可见理学家娄谅之历史地位。大门已斑驳不堪，有古朴之感。因这块石匾额，人们一般就以“理学旧第”代称娄谅故居。

在上饶主城区，如果要评一评最华贵的古建门楼，当属位于信州区水南街天官巷的杨时乔府第。杨时乔府第为明代官邸建筑，有着400多年的历史，是至今仍存的明代古建精品，它为后人呈现了古代所谓“门第等次”的实物，现为省级文化保护单位，并列入当地历史文化街区改造工程。

郑兴昌绘《杨时桥旧第》

“花大门”是当地居民对杨时乔府第的俗称，盖因府第门楼华贵精美。“花大门”本身朝东偏北，迈过大门，穿过一道拱门，是朝南偏东的正屋，正屋面积约485平方米。屋分前后二进，中间为天井，天井两侧为厢房。前进两侧的房屋已完全坍塌，各悬一块危房警示牌。前进的南向围墙为照壁，照壁上镶嵌着精美石雕，人物、花鸟等栩栩如生，部分雕像严重剥蚀，已难以辨识。

天井地面铺着的青石已断碎，浸满岁月的沧桑。后进与厢房相对完整，与前进抬梁式构架不同，后进为穿斗式结构。前后两进及厢房本是木结构，然而经历数百年风雨，屋内隔墙或为竹夹泥，或为红石青砖，已非原样。不过柱梁仍存、牛腿精良，传递着明代建筑的古意神韵。

回头看“花大门”，四根挺拔的青石方柱支撑起重檐翘脊的盖顶，风采依旧。门楼气势轩昂，上端斗拱搭砌，穿插精巧；“百鸟朝凤”“衣锦还乡”等镂雕，造型精致。门楼正中石牌匾上，“晋卿第”三个篆体大字据说为明代皇上御赐。大门悬出四根“门当”，而地面的两座“户对”只剩石基。总体来说，“花大门”是传承至今弥足珍贵的明代建筑精品实物。门楼对墙，挂着省政府所立“新四军驻赣办事处旧址”木牌，简述了1939年10月至1941年1月办事处的事迹。

杨时乔府第见证了昔时主人的辉煌，更沉淀了中国古代士大夫端正廉洁的优秀品质。杨时乔是地道的广信府上饶县人，出生于1531年，1565年35岁时中进士，1603年任吏部左侍郎。由于吏部尚书空缺，他代理主持吏部事务。吏部居六部之首，《周礼》中称“天官”，因而后世尊称杨时乔为“杨天官”，杨府旁的小巷称为天官巷。1609年因病去世后，朝廷追认他为吏部尚书并谥“端洁”。

《明史》记载他署理部事，“绝请谒，谢交游，止宿公署，苞苴不及门”。他死时，身无贵重物品，仅“箧余一敝裘，同列赙遂以殓”。朝廷认可他“端洁”，上饶人也为家乡出了这样一位清官而引以为荣。他还是一位务实的学问家。中进士两年后，他上奏万言《三幾九弊三势疏》，向上疏皇帝纵论时政，针砭时弊，文采飞扬，以“图兴事”。他著有《端洁集》《两浙南关榷事书》《周易古今文全书》《马政记》等，均为《四库总目》收录传世。

杨时乔的身世颇为励志。他两岁丧父，四岁亡母，是祖母抚养他成人，是祖父教他划地认字。他出身贫寒不忘本，曾出资主持疏浚水南街旁的丰溪，惠泽至今。他淡泊名利、刚正不阿、端洁廉明的口碑历代相传。杨时乔府第见证了主人卓尔不凡的风骨，他留下的为官品格和为民故事，有待发掘整理，值得后人珍视。

书院文化是上饶十大文化之一。上饶历史上的书院数量之多、培养人才之广，是罕见的。据《上饶地区志》统计，上饶各地有一定影响的古书院有168所。这些古书院，起源于唐，产自民间，兴盛于两宋，延续于明清。郑兴昌先生对上饶古书院多有创作，“点划纵横，随心所欲，笔精墨韵，取舍自如。整幅作品既可

郑兴昌绘《钟灵台》

应物象形，又可神至形出”，展现出实力派的艺术创作水准。

上饶信江书院位于主城区信江南岸的黄金山上，依山势而建，北倚信江，西带丰溪，自然环境优美。创立于清康熙三十三年（1694），初称曲江书院，后称钟灵讲院、紫阳书院，乾隆四十六年（1781）始称信江书院，至今已有300多年的历史。

书院是中国古代教育机构，其有别于县学、府学等官学教育系统，是唐宋至明清出现的一种独立教育机构，大多由私人创立，也有官府所设，是聚徒讲授、研究和传播学问的场所。从其教学内容和管理方式看，古代书院相当于现在的大学。

信江书院创立时，是由上饶本地士绅捐资兴办的义学，用现在的话说就是民办官助，主要招收广信府“一府七县”的士子生员，这七县分别是上饶、永丰（今广丰）、铅山、玉山、贵溪、弋阳、兴安（今横峰）。后来，随着官府对信江书院的加大投入加强管理，这所古代上饶名校的规模不断扩大，成为上饶清代最具规模的书院。

如今，信江书院保存下来的古建占地面积仍有约40亩。1987年经江西省人民政府批准，列为省级文物保护单位。走进信江书院，展现在眼前的是一座园林式古典大学风貌，这里有保存完好的古建筑钟灵台、春风亭、一榻轩、夕秀亭、乐育堂、近思堂、十八排（学舍）、日新书屋、又新书屋、经训堂、课春草堂等十多栋，造型古朴，风雅别致。偌大的旧址内，阶曲廊回，古木参天，修竹夹径，展示了古典园林建筑的美学范式。

信江书院号称江西四大古书院。信江书院之“大”，主要体现在规模上。书院依山而建，其占地面积最大时达100余亩，居上饶古代各书院之首。信江书院之“大”，还体现在历任知府对它的爱护与扩建上。康熙五十一年（1712），广信府知府周錞元修葺书院，改名钟灵讲院；乾隆八年（1743），知府陈世增建楼祭祀朱熹，更名紫阳书院；乾隆四十六年（1781），知府康其渊改“紫阳书院”为“信江书院”；同治五年（1866），知府钟世桢重修书院，加建魁星阁、钟灵台，至今仍高高耸立。此后历任官员又进行了维修和大规模扩建。

光绪二十八年（1902），信江书院改设广信中学堂。民国初，称信江中学。新中国成立初，称省立上饶中学校。后经嬗递，成为今上饶市第一中学和上饶县中学的前身。从当地清代最具规模书院，转向新式中学堂，信江书院改变的不仅是教育层次，更是教育理念与教育方式。

书院文化有其优秀传统的内核，在时代风云中她曾褪色嬗变。在21世纪的今天，当我们重新把目光聚焦优秀传统文化的时候，信江书院又带给我们什么启示？需要指出的是，在信江书院亦乐堂旧址上，新中国成立后修建了“上饶专区革命烈士纪念碑”和黄道烈士墓，不仅为古书院平添了一抹鲜红亮色，也是我们学习历史的生动教材。

传统文明长期熏陶下，郑先生养成了理性执着、怀远勤勉的个性，形成了笔墨精准而简练、意境深厚而高古的艺术风格。他以粗犷豪放、力透纸背的笔力，深厚凝重、带燥方润的墨色描绘出上饶之根的岁月沧桑，体现了他的文化情怀与艺术功力，成为不可重来的艺术绝唱！

（作者简介：郑兴昌，中国版画家协会会员；刘小国，上饶晚报记者）

油画笔下的信州记忆

刘建明

一、油画笔下信州记忆的缘由

说起油画，我们应该一点也不陌生。今天我就来谈谈我对于信州系列油画作品创作的一些缘由及其思考。我这次不想泛谈油画写生创作的问题，而是从自己家乡（上饶市信州区）主题的写生作品开始聊聊我为什么要画这些作品，以及在这写生创作过程中关于城市变迁、乡愁及个体经验与记忆等相关问题的思考。

刘建明《家乡的老宅》50cm×40cm 布面油画 2016 年

我先从为什么会有这批描绘家乡社会景观的写生作品说起。在说这油画写生缘由之前，我想先简单聊聊油画。油画这种艺术表现的材料发源于欧洲的北方地区，并成熟于欧洲文艺复兴时期。但在油画出现的初期阶段，因为材料及绘画主题的限制，画家（匠人）们主要是在室内完成画作。但随着时代风气及绘画工具材料的发展，画家们慢慢具备了从室内走向室外的思想意识，并且油画的工具也能满足户外作画的要求，所以到了18、19世纪，油画写生创作的方式渐入高潮，直至印象主义达到高峰，并为20世纪以来的艺术之变埋下了伏笔。

如前文所述，我们就知道油画发展至今少说也有五百年的历史，也不是新鲜的艺术表现媒介了，但这些都不妨碍油画这种材料自身较强的表现魅力，成为国内众多艺术家使用的创作媒材。当然油画这种媒材也是我自己用得最多的一种，所以这次我的这批作品也是油画写生。

在今天这么一个互联网大数据的时代，社会生活的方方面面都在日新月异的变化中，我再来谈油画的问题，显然是略显陈旧，不符合当下时代的发展大潮。为什么我还是以一种绘画的方式来与家乡发生关联，这个事情还有意义吗？用智能手机拍张照片不是更便捷吗？我为什么还要在现场用一天的时间完成一件绘画作品？这些问题在写这个创作随笔之前，其实没有认真深入地思考过，只是发自内心地想画点关于家乡的画，可能是出于对家乡的念想，又或者是出于某种情感的自觉。我想这些就是让我把手中的油画笔指向信州的大街小巷，带上对家乡过去的记忆，用油彩去寻找今天的痕迹。

刘建明《现代生活遗迹之上饶茶厂》50cm×60cm 布面油画　2019年

刘建明《城市夹角》50cm×60cm 布面油画　2019 年

二、油画笔下信州记忆的创作过程与思考

从时间上来看，我的这批写生作品是从2013年开始，我陆陆续续利用寒暑假的时间，在我们信州区的城市乡村，大街小巷，从老城到新城区，许多街区都留下了我的足迹。我写生作品的路径也就是我画过的地方链接起来，走到哪就画到哪。讲到这里就让我想起了以前在四川和几个喜欢写生的朋友在一块画画，我们是画到哪就拆到哪，我们都自嘲为“拆迁先遣队”。到目前为止我关于家乡的这批油画写生作品已经有20余件，后续还在创作中，如果在数量上能达到一个展览的规模，在条件允许的情况下将来以此主题做个相关展览，让作品能完整全面分享给大家。

回看这几年的这些油画写生创作，说起来有点不严肃，因为从一开始只是为了打发假期时光，再者，其他的消遣方式我又没有兴趣，所以画画很自然地成为我的首选。用绘画这样的一种方式既能充实我的假期，同时又能提升自身的绘画素养，基本上没有什么坏处，唯一的一点就是费钱。

刘建明《金龙岗的午后》50cm×60cm 布面油画　2019 年

刘建明《家乡的河堤》50cm×60cm 布面油画　2019 年

不管出于什么目的使我选择了用油画的方式来描绘家乡，但接下来面临的问题是选择画什么。是表现家乡自然风景，还是人文景观，很显然我选择了后者。在描绘对象确定之后，接下来就是要考虑在哪里画的问题。各位可能有所不知，我的家乡信州，是个说大不大、说小不小的地方，有些在城市里，大部分区域是乡镇农村。那么对于我一个自小生长在农村的人来说，对农村已经没有太多想要探究的欲望了，当然下一阶段不排除会把目光瞄向少年阶段成长的乡村。但在这一阶段我还是把画笔对准了城区的人文风景，一方面是因为自小长在农村，对城市充满了想象与好奇，另一方面也是出于现实的考虑，出行方便等因素，所以我很自然地把城市里的大街小巷作为我的描绘对象。那么讲到这里其实离真正完成一件油画作品还是有点距离，虽说已经把目光放在城区，但面对这新旧交替的现代城市，我的油画笔应该聚焦到哪一点呢？我想每一位画者都会面临类似的境遇，那么各位又是如何来确定具体的描绘对象呢？从我这批作品来看，我还是选择回到自己的原初，从自己的生长经历出发。作为“80后”一代，基本上是与国家改革开放的步伐同步的，更是裹挟在大规模的城市化建设之中，农村人口也向城市流动迁移，在这股巨大的改革浪潮中，个人与社会的关系是复杂交织缠绕的，对个人及社会生活的方方面面都产生了决定性影响，我们也都无可避免地裹挟其中。

刘建明《批发街的小巷子》50cm×60cm 布面油画　2019 年

在这样一种背景下，作为“80后”的我，身上同时具备了两种成长经验，一方面是来源于乡土成长的经历，另一方面是随着城市化的浪潮工作生活于城市之中。所以在这种双重经验的作用下，我油画笔下的描绘对象必然是带有双重性的，就以这批油画写生作品来看，其实就已经体现出画面内容及视角内在的双重性。从画面内容上来看，首先都是选择了城市的老旧街区作为描绘对象。有老旧的单位宿舍或社区，也有明显陈旧过时的商品批发街，还有中心老城区的菜场及日常生活场所等，这些被描绘的对象无论是老小区，又或者是老商业街等，无一例外的都极具市井生活气息，因为范围及日常生活的需要，在这些空间里生活的群体，人与人之间是熟络的，还保留着中国传统社会的人情世故关系，是生动的，也是有温度的。这些空间场景里的人与物，能够让我找到年少时期在农村生活的乡土经验，能让我感受到生动与鲜活感，在感官上给了我一种真实可靠的感觉。在画这些内容时不会有虚无缥缈之感，因为这些老旧的事物景观在肉身体验上可以与我某一段经验共通，所以我油画笔下的这批关于信州人文风景的油画作品能给我内心一种踏实之感。从另一个角度看这些油画作品，其实也是我在外求学及工作至今，从乡村经验到城市的生活经验让我还是向往城市的方方面面，但也无法完全从内心深处融入城市中，总还是对乡土之情有所挂念，所以在选择描绘对象时没有去选择高楼大厦，或高级商业中心，这些虽然也是一座城市重要的地标或象征，但我好像是为了去平衡什么，又或者是为了满足什么，对这些高度现代化的事物视而不见，反而更关注这些不受这座城市或这个时代待见之物，并乐此不疲。

刘建明《现代生活遗迹之菜市场》50cm×60cm 布面油画　2017 年

三、油画笔下信州记忆的回想与展望

回看这些年的绘画历程，我从基础的线条练习，再到几何化的造型描绘，然后是对空间、体积、色彩、质感等造型因素的深入研究，完成了作为一个视觉工作者的基本储备。随着不断的学习与阅读，在绘画实践上更是注重观念性的融合，强调绘画中问题的重要性，努力激发感性的逻辑。从这个层面上来看这些油画作品，就能很直观地看到绘画的一些基本要素，但如果你还能往画面内在去观察感受，似乎又能勾起一些记忆，会有点怀旧，又或者是一种乡愁，而在这情感之下，隐藏着的是我对个体记忆与时代发展这二者之间关系的视觉化表达。

刘建明《造景 No.1》160cm×140cm 布面油画　2015 年

刘建明《造景 No.5》180cm×160cm 布面油画　2015 年

在知道要写一段关于绘画及家乡的文字时，其实我不知道要写什么，因为这么些年一直专注于画画，给自己的定位也就是个画画的人，所以已经很久没有这样用文字来聊自己的作品及思路了，要是有什么讲的与各位的想法有所差别或冲突，那你就当本文纯属虚构，不必当真，也请多多包涵。

油画笔下的信州记忆这个系列的作品已经有一定数量，但如果想在不久的将来想以展览的方式呈现这批作品，我还需要继续创作下去，从作品的量和质两方面不断提高，争取最终呈现给大家一个记忆与现实交织的艺术世界。

（作者简介：刘建明，中国美术家协会会员，上饶美术馆馆员）

【旧影回眸】

那年那时，上饶人的儿童节记忆

白福生

我的童年，在上饶经历了旧中国和新中国两个不同时代的生活，对两个时代的儿童节感触颇深。

上饶解放前，我在国统区的上饶县上小学。旧中国的儿童节是每年的四月四日，称之为“四四儿童节”。

20 世纪 30 年代，浙赣铁路上饶子弟小学童子军在举行远足活动

我从5岁多就开始上小学，印象中那时的小学有“童子军”，这是个儿童组织。加入了“童子军”，就要按规定穿上那蓝白相间的童子军军服，戴上船形的军帽和蓝白各半的领巾。组织活动的时候，每人手里还得拿一根童子军军棍，军棍有1米多高，平常儿童的手是握得过来的，用它来操练很像那么回事。可是我没有参加童子军，因为我淘气调皮。

20世纪30年代，浙赣铁路上饶子弟小学在举行儿童节手工劳作比赛

“四四儿童节”当天，学校也会专门召集学生集会庆祝，举办各种比赛，什么讲故事呀，朗读古诗呀，歌咏比赛、手工劳作比赛呀，演独幕剧呀，很是热闹。同学们也玩得很开心。记得有一年“四四”儿童节，有一个独幕剧演的是传统故事，叫“孔融让梨”，很有寓意，给我的印象最深刻，至今还能记得起来。

20世纪30年代，上饶县某幼儿园师生在上饶农民银行（徽国文公祠）前举行活动（白福生提供）

1949年5月3日，上饶县解放了。1950年起，新中国采用国际上的统一规定，把每年的6月1日定为儿童节，称为“六一国际儿童节”。

新中国的儿童节里，各学校都会举行盛大仪式，那就是少年先锋队（此前叫中国少年儿童队）队员的入队仪式。从这一天起，新队员戴上象征用革命先烈鲜血染红的国旗一角的红领巾，唱着《少年先锋队队歌》，参加各种庆祝活动。

今年的“六一国际儿童节”又到了。抚今追昔，祖国的变化太大了。我已步入老年，看到现在孩子们过着充满幸福阳光的儿童节，心中平添几许感慨。

让我们这些老儿童们，都来祝贺祖国的花朵——未来国家的主人翁——祝他们幸福快乐！

儿时的信州夏夜

郑常勤

20世纪50年代的赣东北大道南段（余竟吾　摄）

生活中，有些人和事会随着岁月的烟云渐行渐远，慢慢散去，淡出人们的视野。而有些却汇聚成珍贵的影集，成为抹不去的记忆。儿时，故乡夏日的夜晚——就是珍藏在脑海里抹不去的美好记忆。

夜幕，降临到信州区道塘巷，大叔家开始把睡得光滑油亮的竹床摆到家门口的阔堂里，这仿佛是每天的信号。见大叔把竹床摆好了，我和父亲也开始搬竹床。紧接着二叔家，邻居刘师母、徐师母家也先后把竹床摆在了阔堂里。我家，大叔、二叔家，刘师母、徐师母五家人的房子紧挨在一起，是砖木结构有小阁楼的旧式瓦房，连在一起的房子如大写的C字，五家人的门前，有一块七八十平方米的空地，当地人叫“阔堂”。这里，是我们儿时享受美好夏夜的地方。

摆好竹床，几家人先后把自家烧的菜摆放在竹床上，用竹床当饭桌。竹床边摆放着长板凳和竹椅子，大家围着竹床吃晚饭。虽然竹床边放着凳子和椅子，但基本不坐，大家端着饭碗，在竹床间走来走去，饭菜的香和着欢声笑语荡漾在夜空。大家我走到你竹床边品尝你家烧的菜，你走到我这边来吃点我家烧的菜。这是一天中最美好的时光。50多年过去了，记忆犹新。记得二婶的拿手好菜是大蒜头煎红辣椒和卤鸡脚，细长喷香的卤鸡脚，每次都被吃得一只不剩；大婶家最好吃的菜是糠熏大肠蒸米粉；我母亲烧的棍子鱼炒大蒜叶和徐师母的青椒炒猪油渣深受欢迎。还有住在“阔堂”外李师母家，住在“阔堂”对面五交化公司家属院里的邻居们，有时也端来自家烧的菜，互相品尝，其乐融融，亲如一家。这种“大家庭大聚餐”式的晚饭，有点像云贵少数民族的长桌饭，热闹、喜气、和谐！

20世纪80年代赣东北大道中段。左边是贸易市场，目前是招商银行；右边是京剧院，目前是建信商住楼；前面是最早的上饶电视台。（徐定鐎　摄）

20世纪50年代初的人民广场（余竟吾　摄）

旧时夏日乘凉

记得有一次，我和一位小伙伴躲到五交化家属院张彩花阿姨家的大水缸旁，由于50多年了，已记不清和谁一起躲的，但这件事情一直没忘记。我们在躲的时候没注意，把张阿姨家放在水缸旁用蓝边碗装的几个鸡蛋踢破了，当时不知碰到了什么东西，用手一摸，摸到了鸡蛋壳，才知道闯祸了。正当我们不知如何是好时，张阿姨从里屋出来，知道情况后，笑着说："是我鸡蛋没放好，不该放在水缸旁边，不要紧不要紧，我不告诉你们爸妈。"张阿姨说到做到，真的没把这事说出来。事后知道，那时没有冰箱，天气热，张阿姨怕鸡蛋坏了，就把鸡蛋放在清凉的大水缸旁边，这样鸡蛋可多存放些日子。

等我们玩累了，回到竹床边，大人们也忙完了。一张竹床不够一家人睡，竹床被小孩抢着睡，大人们就搬张躺椅或铺一门板放在门口睡。这时，我看到父亲已经把被母亲洗得雪白的旧门板横铺在家门口，拿今天的话来说，就是为了防盗吧。那时社会治安良好，晚上家家户户基本上不关门不上锁，有的家门虚掩，有的拿一条长板凳放在门口，有的用躺椅睡在门口，就算安保措施了。夜里，天空很蓝，星星很亮，大家或看划过寂静夜空的流星，或听妈妈讲过去的故事。

上饶七一三矿区大门（刘兰丛　摄）

大叔和二婶是讲故事的高手，绘声绘色。一天，大家正听得出神，忽地听见住在“阔堂”外的李师母如唱山歌般的声音，她背着“老狗”（她小儿子的外号），一边朝我们这里走来，一边用上饶方言唱当地儿歌：

背背背，
买买买，
走到西门口，
捡到个破畚斗。
（过去用竹编做的装垃圾用的。）

李师母的儿歌刚落音，二婶的儿歌又唱了起来：

月光光，月堂堂，
刘家姐姐洗衣裳，
衣裳洗得雪雪白，
送俺娜妹克学堂。
（克：去、上的意思）

徐师母的大女儿有一副好嗓音，她爱唱歌，她唱起儿歌来也很醉人。她听着听着儿歌，自己也禁不住哼了起来：

金虫飞飞，
飞到沙溪，
沙溪转个弯，
飞到六十三，
六十三转个弯，
（六十三：地名）
飞到娘家谷里吃清汤。
（谷里：家里）

大家一边扇着蒲扇，听着儿歌，渐渐进入了梦乡。睡到半夜，大人们会起来为小孩们盖上浴巾或衣服，怕小孩下半夜着凉。

现在生活衣食无忧，丰富多彩。小孩们夏夜看电视、玩手机、进公园、逛超市、上图书馆……放假了，可以坐高铁、坐飞机或跟着爸妈自驾去旅游。但我依然认为我们儿时的生活是美好难忘的。那时，我们没有沉重的书包，没有整天回响在耳边的“上大学”声音，没有没完没了的补课和各种各样的培训班。放学后、假期里，我们可以开心地推铁环，打陀螺，玩弹弓，打弹子，跳绳，三角豆腐冲顶，跳王字，老鹰抓小鸡；可以到信江桥下摸鱼，到乡下亲戚家摘野杨梅，捉野鸡，下田里捉泥鳅。我们的童年生活是属于我们自己的，现在的童年生活属于大人。

家家乘凉

我们儿时生活美好而难忘，特别是夏天的夜晚，竹床、蒲扇，望星空、捉迷藏，唱儿歌：

月亮在白莲花般的云朵里穿行，晚风吹来一阵阵快乐的歌声，我们坐在高高的谷堆旁边，听妈妈讲那过去的事情；我们坐在高高的谷堆旁边，听妈妈讲那过去的事情……

信州区道塘街老巷及我家的老屋已随旧城改造，在这座城市消失，但永远是藏在我们记忆中珍贵的影像！

龙潭塔影

张昊

上饶，位于江西东北部，纵横2.2万多平方公里。自东汉建安年间设鄱阳郡始，已有1800年。三国时，为上饶县治，属东吴。唐乾元元年为信州治，宋为信州郡治，元为信州路治，明为广信府治。民国改称上饶专区，是专署所在地。解放后，旧市区广平镇改名上饶市（今信州区）。论山川锦绣，上饶坐拥江南第一仙峰；寻名人迹印，朱熹曾在这里讲学，陆羽、辛弃疾曾在这里寄居；看丰碑长存，上饶集中营仍历历在目。

上饶名胜古迹，不胜枚举，今只立于钟山西望，望波光粼粼的信江下游，突兀峥嵘的峭壁上，屹立着的两座雄伟的宝塔，波光塔影，把信州城西隅的景色点缀得瑰丽多姿。

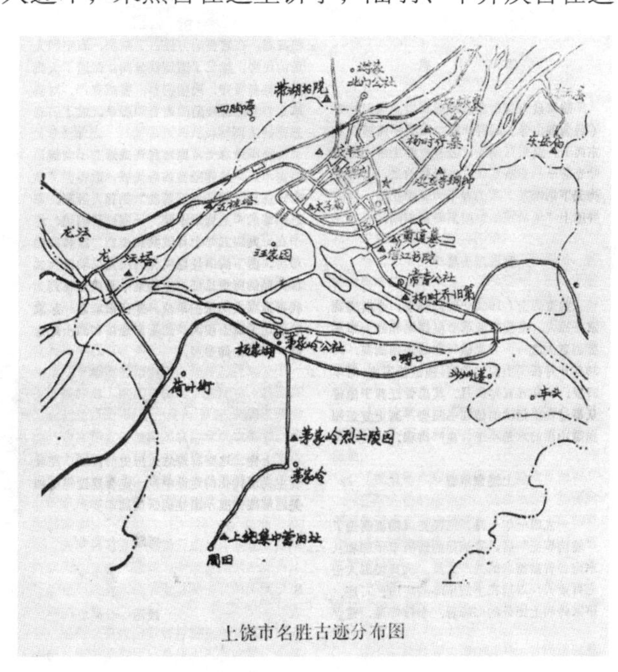

上饶市名胜古迹分布图

上饶市名胜古迹分布图（来源于《上饶市志》）

龙潭塔旧影（汪维炎　摄）

龙潭塔

龙潭葛仙殿

对龙潭塔的印象，只因为小时候去过双塔公园，记得信州城有两座塔，两座塔里，也因为知道龙潭湖，唯独记得一座叫龙潭塔。长大后，有幸翻得古籍，才得知原来奎文塔和五桂塔均位于信州城郊的信江北岸岩石山上，因两塔相距不远，故称“信州双塔”。传说均为镇信江水患而建。龙潭塔明万历年间就有了，八角七级，砖石结构，高49米多。每层均设门、窗，通过内部梯阶，可盘旋而上，登临眺望。后倒塌，仅存二级。清嘉庆十九年（1814），郡守王赓言率同汪正修、上饶知县赖勋重建五级。上层祀奉梓潼帝君神像，并改名“奎文塔”。重建后，依然保持了简朴、庄重的建筑风格。此塔虽经明清两代修建，但塔身完整无损，保存了明代的风格。下两层塔檐田莲形斗拱承挑，是明代砖塔的典型形制；上五层由莲瓣纹叠涩承挑塔檐，有清代风水塔的风味。塔内有石阶，盘旋而上，可攀顶远眺。在塔周围曾众星拱月般建有塔院，院建房数楹，其中有纯阳楼、惠济夫人祠、仓颉祠、惜字炉、观水亭等附属建筑。风风雨雨四百年过去了，唯有那塔依然巍峨耸立，也使信州人仍有许多传说可说。

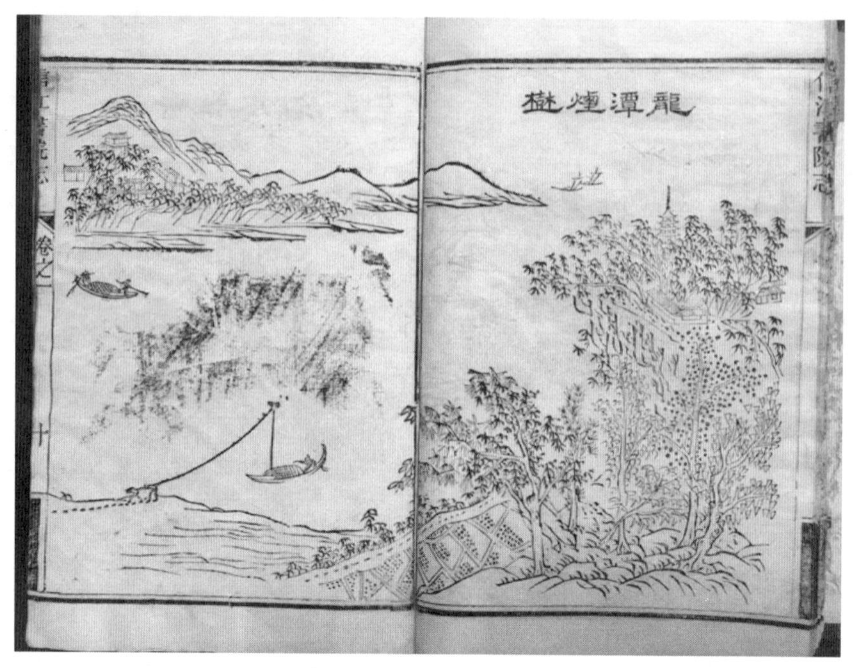

清同治《信江书院志》卷之一：信州八景图之《龙潭烟树》

龙潭烟树此景位于信江北岸岩石山上，景中之塔即为龙潭塔，清同治《上饶县志》载：该塔始建于明万历年间（1573—1620），塔名“见龙”。塔下是信江和丰溪二水汇流而成的大深潭，据传，河浒岩壁之上，曾镌刻隶书“龙潭”两个大字，时民众为求丰收，遂建塔于潭边，塔名“见龙”……故别名“见龙塔”。然至今尚未有人亲见此二字。到了清嘉庆年间重建易名“奎文塔”，于塔下建院数楹且题咏甚富。清同治《信江书院志》卷十收录王赓言著《重建龙潭奎文塔记》：

国家广历学官通都大邑异才辈出，登巍科，历清要，践钧轴者接踵而起。于以考门地之积累，山川之灵毓，郡县之激扬推择，皆可以观其得失之几隆替之故焉。

广信为汉豫章东境，素称文献之地。赓言奉恩命来守是邦，条教次第，积渐画一，于是与其土大夫企前贤之遗轨，追往古之旧迹，表彰修复，昭兹来许，而士大夫有以龙潭塔重建为请者，且言此郡人文之废兴，仕宦之升沉，胥于是乎在。余考形法家言，出于明堂义和卜史，城郭官室，具有经常。两汉大儒多祖述之，其论亦不可尽废。龙潭去治十里，而近山水，重查回环，气明形耸，为郡城锁钥。明神宗时，始建此塔，土风丕振。今者隋焉，渐失通途。若任道废术，违人用己，扫九流之余论，窒万夫之信口，是亦非圣天子右文奖士、导俗宣风鼓舞振兴，有加无已之至意也。赓言承奉德教，其何敢有息焉？遂与同郡僚属殚虑经营。输将者属镪不绝。畚局者相杵无劳，倚天尺以建标，参地符而构势。形法既得，人才萧兴，所谓门地之积累，山川之灵毓，郡县之激扬推择，则愿与有志者共勉之。庶几永为是邦之式软！

塔原名“见龙”，余于其上层供祀梓潼帝像，改易今名。是役也，始于四月八日，藏事于十月廿日。凡费金钱若干，瓦甓若干，铁石、土木、丹垩之数若干。塔高十四丈九尺有奇，径丈八尺有奇，上杀六丈九尺有奇。与赓言始终其事者。通判汪君正修、上饶知县赖君勋；其倡首督工者、邑绅郑飞鹏、卢源、余嶷，书吏罗文耀徐文拔等。例得并书。

嘉庆十九年一月皮子朔越十有日戊戌，知广信府事山左王赓言记。

奎文塔本为求雨祭祀所建，之所以选作此地，传说中的“龙潭”二字已不可考，另一层原因，则是此塔旁的深潭屡生异象，古人相信，龙潭似有真龙栖息，清同治《信江书院志》卷之九收录的《龙潭烟树》之名的诗作中，多数提到了此地的气候不同寻常：

龙潭烟树

王赓言

葱蔚龙潭树，云阴昼不开。
日光随水下，帆影自天来。
孤塔微茫里，惊涛日夜催。

模糊泽莫辨，蜃气幻楼台。

龙潭烟树

簇簇松杉影，烟浓昼不开。
雷将云气上，风送雨声来。
沙际征帆渺，林端暮霭催。
乖龙倘可取，高筑斩蛟台。

龙潭烟树

王履正

断崖成峡口，百顷鉴湖开。
树影将云误，涛声挟雨来。
风樯春涨促，烟寺暮钟催。
雁塔苍茫里，名谁列上台。

龙潭烟树

吴嵩梁

龙潭佳气满，树杪郁葱开。
柯叶云齐茂，风涛天际来。
应知神物护，莫使暮砧催。
见有梗楠在，黄金拟筑台。

龙潭烟树

潭有神龙蛰，经年雾不开。
烟光随日上，树影逐云来。
雷已鸣天际，诗宁待雨催。
焕新增塔宇，熙穰乐春来。

龙潭烟树

一望碧崴嵬，龙潭郁未开。

树浓交荫出，烟暝酿寒来。
幕历秋荫护，苍茫暮色催。
风雷方起蛰，遍洒雨花台。

龙潭烟树

宜黄　邹梦莲

一望萧森处，苍烟郁未开。
潭深龙久卧，树暗雨初来。
人代悠悠往，江流滚滚催。
读诗怀曩哲，长啸自登台。

龙潭烟树

弋阳　周尚莲

一曲江流势，难分烟树开。
深潭留月照，薄雾带龙来。
帆远随风挂，秧青待雨催。
为霖今太守，黔首颂春台。

龙潭烟树

玉山　陈亿

龙潭何荟蔚，荫翳昼难开。
树尽排云出，烟疑挟雨来。
浮屠空际矗，暝色望中催。
仿佛严滩畔，维舟访钓台。

龙潭烟树

潭深不敢唾，灵迹待谁开？
龙卧烟涛定，树鸣风雨来。
参天云气接，夹岸橹声催。

一笠斜阳里，荒矶似钓台。

龙潭烟树

上饶　余岚

苍蔚复崔嵬，葱茏扫不开。
树从烟际密，烟向树间来。
雨意迟迟到，雷声隐隐催。
深潭龙欲起，蜃气拥层台。

龙潭烟树

玉山　朱成琳

郁郁葱葱气自佳，长河一带夕阳开。
桃花浪暖蛰龙起，古渡春阴山雨来。
林影时将塔影护，吟声好藉橹声催。
分明咫尺天台路，应有仙人住绛台。

龙潭烟树

玉山　罗明远

乘兴陟崔嵬，龙潭一望开。
淡烟渔唱人，深树鸟飞来。
为爱春光好，频将逸兴催。
豫州能好士，何必羡金台。

龙潭烟树

铅山　任澜

龙湫名胜地，四面镜中开。
山色随烟出，云容绕树来。
迷蒙渔火隐，欸乃橹声催。
日暮看鱼跃，携竿上钓台。

龙潭烟树

铅山　任中正

烟树蒙蒙合，江城闇不开。
坐观龙挂处，时有鸟飞来。
兴岂为人败，诗常教雨催。
天光与云影，快览独登台。

龙潭烟树

铅山　张楷铨

古塔势崔嵬，云浓雾不开。
天光随水远，树影杂烟来。
江岸潮头涌，山城雨脚催。
龙潭深百尺，佳气拥高台。

龙潭烟树

弋阳　叶蔼如

暝色兼秋色，浓烟幕不开。
归巢飞鸟倦，跋浪巨鱼来。
咫尺风云合，砰訇雷雨催。
钓鳌吾有志，贾勇一登台。

龙潭烟树

贵溪　吴洲

高步陟崔嵬，烟江一望开。
孤帆云际出，游客竹中来。
浪暖鱼知跃，诗迟雨为催。
微茫遥指处，空外幻楼台。

龙潭烟树

兴安　叶鸣罔

夕阳凭眺处，忽地画图开。
树尽栖烟罩，龙能送雨来。
门高如可跃，鱼贯漫相催。
闲步江干上，浓荫绕钓台。

龙潭烟树

钟世桢

三两人家隔远汀，便随云气入深冥。
藏来曲岸千帆白，染出浓荫一塔青。
雾锁荒丛迷鸟宿，雨来古树挟龙尘。
买舟十里城西畔，春水桃花几度轻。

龙潭烟树

上饶　杨敬资

葱茏入望晓烟深，潭影空蒙树亦冥。
山雨欲来松谡谡，溪云遍覆柳青青。
奎文绕塔珠光绽，日色横江剑气腥。
最喜龙吟春昼永，片帆飞处路初经。

龙潭烟树

上饶附贡　李树藩

莫道山灵水不灵，淋漓元气满前汀。
龙因护塔云如墨，潭欲生烟昼亦暝。
春幕万家成奄画，浪腾千尺类沧溟。
试看霖雨苍生后，树色依然簇簇青。

旧时，每逢久旱不雨，各地的农民常抬菩萨到河边、潭边，请道士祈祷，乞求龙王降雨，俗称“请九龙水”，亦有直称“求雨”的。上饶县灵山人有求雨的传统，活动一般在石人峰下的白水底、九牛峰下的花岩、石屏峰下的白马潭、双峰下的老龙潭、老鸦峰下的金鸡潭、中台峰下的龙潭等处进行。

史载唐德宗时天下大旱，信州旱情尤重，刺史李德胜偕宗伯刘太真到石人峰下祈雨，“甘霖立澍，民众欢腾”。而二公因天热路远，不幸先后立化于石人峰下胡隐君祠（今石人殿），百姓塑像祀之。后来的信州官员为了祈雨方便，就在信州城郊修建了龙潭塔。此后信州与上饶县灵山一带求雨之风日盛，人们但凡求雨，便去朝拜李德胜（李老真君），相传有求必应，故灵山石人殿香火颇盛。求雨之前人们要沐浴吃斋，到殿宇中求神许愿，然后敲锣打鼓来到泽潭边，点香烧纸，道士作法事，化祝告文书。而后在潭边静待，一直等到水中游出鱼虾或泥鳅、黄鳝一类的水中动物，无论什么随手捕捞一条，放进事先准备好的缸或桶里。一路吹吹打打，前呼后拥地抬回村庄当作“龙神”供奉，典腊、打醮，日夜香火不断。直到老天爷下了雨，才把“龙神”放回河里。

亦有传说称，早时这里并没有深潭。灵山北面的樟涧山中，在山谷岩石断层处，30多米高的落差形成的瀑布，终年冲刷，便形成了一个巨大的深潭，即使一年不下雨，瀑布依然飞流直下。潭深，蛟龙出没，故称龙潭。如何知道有龙，自是龙神显灵，如何显灵，自是有所求，所求为何，既是求龙，自是求雨。传说一年大旱，信州刺史前往灵山樟涧龙潭求雨，祭罢不一刻，只见潭水翻滚，跃出一条大碗粗细的蛇来，跟随而来的百姓一起跪在地上，齐声求道：苍龙显身，庇护百姓，若得丰收，进庙供灵。

因为求雨时要用四人抬轿，轿内置一小口坛罐，必须求得真龙入罐，遍游干旱之地，谓之“龙神视旱”。可是这么大的龙蛇进不了罐口，刺史见了，求他道变小些吧。说来也怪，那蛇果然变小，直朝轿内的罐子钻进去，只留一截尾巴在外。刺史便用铜锣托起蛇尾，想让蛇尾全部进入罐中，不觉手一空，铜锣落入潭中。这时雷声滚滚，狂风大作，倾盆大雨，直泻而下，直下得天昏地暗。那些求雨者欢声雀跃，一个个如落汤鸡一般。当刺史回到信州时，竟发现那面落潭的铜锣从信江冒了出来。

原来此处与灵山的龙潭相通，于是把灵山龙潭迎来的蛇放入铜锣放进信江。蛇入信江，蛇尾一卷，此处便形成了一个深潭，人们就把此处也称为“龙潭”了。

双塔公园夜景

爷爷跟我讲过求雨的传说，父亲晚饭后喜欢去龙潭湖边上散会儿步。我懒得很，龙潭塔我从未上去过，看也只是在逛公园的时候远远地瞧上一两眼，不曾仔细欣赏过龙潭塔是如何的八角七级，也没细品过上五层与下两层的明清风格差异，只是习惯了龙潭湖边上有这么一座塔。如今，龙潭塔已成为信州城区的标志和象征。信江河碧波荡漾，双塔公园绿树成荫，江边古塔巍然矗立其间，只是如今干旱也不会去求雨，涨水也未曾祭拜，潭下的龙想必已睡了很久，仍在保佑这一方平安。

（作者简介：张昊，上饶美术馆馆员）

后记

《信州文史》(第七辑·记忆)收集整理了信州的老照片，勾勒起我们对信州的美好回忆，从多方面反映了信州近百年以来政治、经济、文化、教育及城市建筑、民情风俗等方面历史信息。文中的每一张照片与文献都还原了一段历史，每一行文字都记录了岁月的痕迹。虽然这些照片与信州历史长河相比，只是沧海一粟，无法全面、完整地诠释信州悠久厚重的历史风貌。但“窥一斑而知全豹”，我们仍可以从这些历史碎片中感受信州百年的风雨沧桑，触动感情上的心弦并与之共鸣……

随着《信州文史》第七辑·记忆的出版发行，历时近5年，足迹遍及信州的山川河流、庙宇古巷，内容涵盖信州的人文环境、文化艺术、名胜古迹、军事斗争、社会生活等方面的《信州文史》丛书，在信州区政协文史编撰委员会的直接领导下，在编纂人员的共同努力下终于成套发行了。《信州文史》丛书共有7辑，近200万字，可以毫不夸张地说，这是一套信州的“活词典”。

在中国文化中，文史二字有着相当的分量，文史是常用词汇。文史在文脉传承中起着重要的作用，就一个地方而言，文史又是一座桥梁，它连接着一个地方经济社会的发展走向，承载着民众的生活习俗和价值取向，是社会精神文明的再现。

信州区政协编辑出版的这套丛书，正是用实际行动传承和保护地方文脉，用图文记录和传承信州的过去和现在，为现在和今后留下翔实可信的文化遗产，它告诉人们信州的经济社会发展中发生的重大事件和这个时代的文明足迹。

为了让丛书中的史料言之有据，出之有处，《信州文史》丛书编辑部的老师们经常深入各地，探寻古迹，拍摄照片，查阅资料。编撰委员会领导时常指导编撰工作，认真审阅书稿并提出修改意见，帮助解决编辑部在工作中遇到的难题。

《信州文史》丛书在编撰过程中，得到了上级政协的指导，得到了区委、区政府全力支持，以及相关部门单位、社会团体、政协委员、文史馆员和广大文史爱好者、摄影爱好者的大力帮助，他们无偿提供文史资料，积极参与到编撰工作中，为丛书的编撰和顺利出版起到了积极的推动作用。在此，对支持和关心《信州文史》丛书编撰工作的各位领导和社会各界人士表示衷心的感谢。

2021年是中国共产党成立100周年，希望能以整套书的出版向党的百岁生日献礼，祝愿伟大的中国共产党永葆青春活力，伟大的祖国母亲繁荣昌盛，人民政协事业青春永在，文史资料工作再创佳绩。

《信州文史》编辑部